PATRIZIA MARIA ABATE

LA VALIGIA PERFETTA

**Tecniche e Consigli Pratici Per Gestire
I Conflitti e Vivere una Vita di Spensieratezza**

Titolo

"LA VALIGIA PERFETTA"

Autore

Patrizia Maria Abate

Editore

Bruno Editore

Sito internet

http://www.brunoeditore.it

Tutti i diritti sono riservati a norma di legge. Nessuna parte di questo libro può essere riprodotta con alcun mezzo senza l'autorizzazione scritta dell'Autore e dell'Editore. È espressamente vietato trasmettere ad altri il presente libro, né in formato cartaceo né elettronico, né per denaro né a titolo gratuito. Le strategie riportate in questo libro sono frutto di anni di studi e specializzazioni, quindi non è garantito il raggiungimento dei medesimi risultati di crescita personale o professionale. Il lettore si assume piena responsabilità delle proprie scelte, consapevole dei rischi connessi a qualsiasi forma di esercizio. Il libro ha esclusivamente scopo formativo.

Sommario

Introduzione — pag. 5
Capitolo 1: Il lavoro — pag. 22
Capitolo 2: Paura o coraggio — pag. 39
Capitolo 3: La conoscenza — pag. 57
Capitolo 4: La performance strategica — pag. 84
Capitolo 5: La formazione — pag. 103
Capitolo 6: Il culto del bello e del benessere — pag. 115
Conclusione — pag. 129
Nota sull'Autrice — pag. 135
Ringraziamenti — pag. 146

*Dedico questo libro a mio figlio Giorgio,
il dono più grande della mia vita,
che amo incondizionatamente
e che mi ricorda di essere sempre
amorevole, generosa,
dolce e comprensiva.
Al suo talento!*

Introduzione

Lo scrittore Gesualdo Bufalino dice: «Sarebbe meglio non scrivere più libri; già quelli che ci sono sarebbero sufficienti per molte generazioni a venire»; invece credo che l'esigenza della scrittura sia fondamentale per l'essere umano, se non altro come forma di catarsi personale, alla Zeno Cosini di Svevo, per intenderci. Perciò, a fronte di questo monito, correrò il rischio di mettermi in gioco in un settore, quello della *formazione*, che mi ha accompagnato sempre lungo il viaggio della vita, intesa come sviluppo per la crescita personale e professionale. Lo faccio perché sento di farlo. È utile a me stessa, e forse a qualcun altro.

Nel raccontare e scrivere la mia storia, in realtà realizzo un progetto che ho a cuore da parecchi anni. Può sembrare un progetto ambizioso, ma ti assicuro che, con le giuste conoscenze e abilità, tutto diventa possibile, anche l'inimmaginabile. Ho sempre avuto la passione per la penna rossa e quella blu. Posso confermare con il cuore che per tanti anni ho realizzato la mia vera vocazione di docente. Fin da bambina sognavo di fare la "maestra", e questo sogno l'ho realizzato brillantemente.

Dopo due concorsi statali superati, sono stata immessa in ruolo come docente di scuola elementare e ho insegnato per anni in zone svantaggiate della Sicilia, ad alto rischio di dispersione scolastica. Per libera scelta ho sempre desiderato acquisire nuove esperienze professionali per migliorarmi, vivendo il cambiamento.

Essendo laureata in Pedagogia, ancor prima di insegnare ho esercitato anche la libera professione come pedagogista. Poi ho conseguito le abilitazioni necessarie per poter insegnare nella scuola media e in quella superiore. Così mi sono cimentata nella compilazione delle domande per richiedere il passaggio di ruolo e, dopo qualche anno, il desiderio si è realizzato.

Quel desiderio l'ho portato avanti con amore, spirito di sacrificio e tanta abnegazione. La mia famiglia è di umili origini e il papà mi è venuto a mancare all'età di due anni. Il volto di mio padre, che la mia memoria, per la mia tenera età, non ha potuto conservare come avrebbe voluto, anche nell'assenza mi ha sempre accompagnato e sostenuto. Tutti i sentimenti che la gioia o la sventura ci fa provare non possono nascere in noi senza l'intervento di un'immagine di quella gioia o di quella sventura.

Ho costruito tutto da sola, soprattutto la crescita personale e professionale, investendo tantissimo su me stessa –da *self-made woman*, per usare un termine americano – e partendo da zero. Oggi, vivendo nell'era digitale, la penna rosso-blu si è convertita in tastiera, e ciò fa comprendere come tutto cambi, si evolva e si trasformi. Anche l'essere umano è soggetto al cambiamento e io ne sono una dimostrazione tangibile. Pertanto, adesso sono qui, davanti al mio computer, nel tentativo di reinventarmi. Hai capito bene, *reinventarmi* acquisendo nuove conoscenze che si sono trasformate in abilità e queste ultime in competenze che non avrei mai pensato di possedere.

Molti pensano che sia facile scrivere un libro, soprattutto per una docente di lettere, ma non è affatto così. Siamo portati a dare per scontate tante cose e a ritenere semplice ciò che invece non lo è. La semplicità è molto complessa e va compresa nella sua profondità. Ho sempre dato un grande valore alla formazione e, in questi anni, esercitando l'attività di docente, ho frequentato tanti di quei corsi da essere entrata a far parte della categoria dei "corsisti specializzati".

Animata dal desiderio di progredire nella carriera, ho partecipato anche a diversi concorsi per accedere al ruolo dei dirigenti scolastici, ma invano. I bandi a cui ho partecipato sono stati tanti: dal corso-concorso per dirigenti scolastici, indetto nel 2004, a quello del 2011 e, da ultimo, quello sancito dalla Legge 107/2015. Una legge assai ambigua che ha favorito pochi "eletti" a discapito di altri. Non voglio entrare nel merito della legge, ma delle conseguenze nefaste che ha prodotto fin dalla sua attuazione.

Non intendo prolungarmi troppo sulle modalità di approvazione della legge, preferisco soffermarmi sull'aspetto organizzativo del corso di formazione indetto dall'USR Sicilia e sulle modalità applicative del corso-concorso organizzato a Palermo nell'agosto 2015. Il corso è durato dieci giorni, seguendo un'articolazione oraria di nove ore al giorno, ed è risultato carente, caotico e insufficiente. I requisiti di partecipazione al corso sono evidenziati, nella Legge 107, agli articoli 87-88 e seguenti. E lo stesso corso, della durata di 80 ore, alla fine non è stato neanche riconosciuto. Ahimè, oggi la situazione non è cambiata: dopo tre anni è stato bandito un nuovo corso di formazione per dirigenti che consente di partecipare alle medesime procedure. Con quali risultati? Saranno i corsisti "fortunati" ad aggiornarci sui risultati raggiunti.

Una cosa è certa: terminato il corso, i partecipanti richiederanno alle commissioni esaminatrici gli esiti degli scritti che, se valutati negativamente, saranno destinati all'ennesimo contenzioso. Purtroppo sono stata considerata per tanti anni pluri-bocciata, e per me è iniziato un lungo percorso infarcito di infinita burocrazia, i cui provvedimenti, a tutt'oggi, sono rimasti inevasi. Naturalmente questa esperienza negativa ha influito sul mio stato d'animo, provocandomi frustrazione.

Questa realtà, alla stregua dei corsi e ricorsi storici, si è ripresentata. Sono trascorsi 13 anni dal mio primo concorso per il conseguimento del ruolo di dirigente e le amarezze e le delusioni accumulate nel tempo sono state più che sufficienti a farmi apprendere la lezione che mi ha indotto a cambiare rotta, pur credendo profondamente nel lavoro e nella progressione di carriera. Volevo migliorare, e questa sete di miglioramento è stata paralizzata da scelte superiori, estranee ai miei obiettivi, trasformando così il sogno in un incubo e diminuendo notevolmente la mia autostima.

Per far valere i miei diritti, mi sono imbattuta in tempeste giudiziarie, ho speso tante energie fisiche, economiche e soprattutto sociali, risultando mediocre ai miei occhi e a quelli dei miei cari, degli amici e dei colleghi. Finché dentro di me ho capito che dovevo dire basta e iniziare un nuovo cammino, dirigermi verso un'altra destinazione. Una nuova rotta si delineava nel mio viaggio.

Questa parte di cammino intrapreso e condiviso con altri colleghi aspiranti dirigenti ha forgiato noi tutti e, se da una parte ci ha profondamente sconfortati, delusi, amareggiati e umiliati, dall'altra l'insuccesso ottenuto ci ha spronato a dare e fare di più, a migliorare le nostre prestazioni orientate a ottenere il massimo dei risultati nella professione da noi esercitata, ossia quella di insegnanti, tutor collaboratori del dirigente, segretari dei Consigli di classe, coordinatori, referenti, addetti primo soccorso, Componenti Gruppo per l'Autovalutazione d'Istituto(GAV), Componenti Invalsi Funzioni strumentali e quant'altro possa testimoniare la devozione alla nostra missione.

Tutti sappiamo che "il viaggio della vita" può riservare sorprese e io ne ho incontrate davvero tante, buone e cattive. L'esperienza mi ha temprato, rendendomi più forte, più robusta agli attacchi, per quanto accaniti e durevoli, mi ha resa più consapevole della realtà percepita *che non accetta forme di meritocrazia*. Questo stato di cose fa parte di una dialettica che non può prescindere dalla vita sociale.

Nella mia carriera di docente esiste una nutrita documentazione di atti che rivendicano diritti che, a mio avviso, mi sono stati sottratti e che negli anni ho cercato di difendere ai fini di un possibile riconoscimento delle istanze che ho presentato. Purtroppo, il più delle volte, non ho ottenuto riscontri favorevoli.

Tredici anni di lotte possono essere tanti o pochi: la stessa cosa non è mai "la stessa cosa" per tutti. Ma, come disse Virgilio a Dante: «Non ragioniam di lor, ma guarda e passa». Perciò passo e, con spirito resiliente, persisto.

Con il passare degli anni, si è risvegliato quel desiderio rimasto sopito pr troppo tempo che mi ha fatto ritrovare la voglia di scrivere per dare suono alla mia voce, alle mie emozioni e alle mie esperienze, con l'intento di condividerle. La mia passione è iniziata scrivendo poesie e pagine di diario, e ho cercato di trasmettere questa passione ai miei studenti.

Colgo l'occasione per ringraziare tutti gli amici, i colleghi, gli alunni, e gli ex alunni che mi hanno dato l'input per iniziare questo libro mostrando (consapevoli o meno) vivo interesse per le lezioni tenute in aula e fuori dall'aula. La loro attenzione durante gli incontri non è mai scemata, anzi, è cresciuta giorno dopo giorno traducendosi in voglia di imparare.

Tutti hanno manifestato grande ammirazione per il mio lavoro e per il mio modo di pormi e di accogliere le persone, indipendentemente dal loro ruolo sociale o grado culturale.

L'atteggiamento empatico e la flessibilità mi hanno permesso di conquistare studenti della scuola elementare, della scuola media e della scuola superiore, compresi i loro genitori, che sono diventati miei amici e colleghi.

Volete sapere il mio segreto? Il segreto è sempre stato implicito nell'auto-motivazione, il vero propulsore dell'essere umano, il carburante che mi ha dato la forza per andare avanti sempre, non facendomi mollare mai, nonostante tutto. Le colonne portanti del mio essere sono state la semplicità, l'onestà, la dignità e la sincerità, e ogni giorno ho cercato di sfidare me stessa a dare il meglio. E quando l'essere umano è capace di unire la propria passione ai risultati raggiunti, ecco che *emergono i talenti*.

Queste qualità, purtroppo, non sono sempre apprezzate né valorizzate. Da un punto di vista sociale, nel momento in cui ho effettuato il passaggio di ruolo alle scuole superiori, mi sono trovata a operare in un contesto ostico dove le mie iniziative e il mio modo di operare si scontravano con quelle dei colleghi a cui ho "rivoluzionato" il modo di lavorare. Anzi, se proprio devo dirla tutta, nonostante le difficoltà incontrate lungo il percorso, mi aleggiava intorno tanta invidia. Perché mai essere tanto invidiata? Forse perché in me aleggiavano ancora, e nonostante tutto, determinazione, ostinazione, disponibilità e generosità?

Riflettendo sul mio passato e sulle mie esperienze, apprezzo il mio tempo presente, nonostante le precedenti cadute. E ho pensato di intitolare il mio libro *La valigia perfetta*. Sì, perché lungo il viaggio della vita ho scelto destinazioni professionali che mi hanno dato l'opportunità di relazionarmi con tante persone. Ritengo che questa sia una grande risorsa, immancabile in ogni società libera e democratica.

Nei contesti lavorativi in cui ho operato, e dove mi sono costantemente misurata con gli altri, ho incontrato tante "belle persone", vere e sincere, e altre meno, riferendomi con questo alla bellezza d'animo. Con loro ho interagito e lavorato quotidianamente secondo i miei valori genuini e autentici. Strada facendo, lungo la rotta del viaggio, ho incontrato inevitabilmente delle difficoltà, dei conflitti, e si è fatta sempre più palese la riflessione secondo cui "non è possibile piacere a tutti".
Qualcuno dei "compagni di viaggio" ha avuto da ridire sulla mia

vita e sul mio operato, sul mio modo di vestire e vieppiù sulle scarpe alte che calzavo. Sono stata circondata da «tante maschere e pochi volti». Una delle cose che non ho mai tollerato sono le ciarle da cortile, soprattutto quelle che ti colpiscono appena volti le spalle.

La scuola è un ente formativo che dovrebbe essere affrancato da simili sciocchezze, ma purtroppo non lo è. Il bullismo è una realtà di cronaca e non sempre riguarda solo i ragazzi, ma chiunque partecipi al ridere "di" e non "con": le semplici preposizioni determinano un'enorme differenza. È stato faticoso sopportare un carico emotivo "estenuante" per la grettezza e la mediocrità che aleggiava in alcuni contesti. Atteggiamenti decadenti, di miseria morale, che dovrebbero essere estirpati e sostituiti con atteggiamenti di qualità.

Ma non bisogna mai abbattersi. Mai calarsi in un vittimismo che giustifica ogni atteggiamento vessatorio. Ed è qui che si pone l'importanza di una **resilienza** che nasce dall'esigenza di adattarsi, di porre cambiamenti, mostrando flessibilità e capacità plastica, in grado di infondere forza ai buoni propositi, forza interiore da donna super bionica. Perché non sentirsi tale? Infatti ho provato e riprovato ad affacciarmi sul balcone della conoscenza, indossando nuovi occhiali da turista esperta, imparando a scoprire nuovi orizzonti oltre i confini, sia quelli posti da una concomitanza di fattori esterni, sia quelli che ci poniamo noi stessi.

Ho iniziato a lavorare su me stessa cambiando il mio atteggiamento mentale perché ottenevo risultati che non mi soddisfacevano, e anche le relazioni familiari e professionali ne risentivano. Il cambiamento in sé non porta miglioramento, se lo vivi inconsapevolmente, ma se vuoi migliorare, allora devi cambiare. Ho detto basta a tutti i rumori generati dalle opinioni altrui che, direttamente o indirettamente, offuscavano la mia voce interiore, la mia voce guida, a cui non ho prestato soverchia attenzione ritenendoli per nulla importanti.

Ho messo in atto tecniche di meditazione finalizzate ad ascoltare me stessa, sviluppando così una maggiore fiducia. Ho creduto in me stessa, nelle mie capacità, sono stata tenace e determinata e ho superato le paure ricorrenti. Ho iniziato a nutrire la mia mente leggendo in modo costante per alimentare il mio sapere, perfezionandolo, migliorando quelle sfere personali che andavano coltivate e curate, accrescendo la mia forza, perché se vuoi costruire qualcosa di solido devi prima scendere in profondità solo così potrà erigere una cuspide innanzi al cielo; solo così potrai sviluppare abilità e competenza.

Ringrazio di cuore quanti hanno permesso che ciò accadesse, perché senza questa leva non avrei insistito sul piano del mio miglioramento. Certo avrei preferito che accadesse il contrario, ovvero che la leva che mi spingesse oltre i confini dei miei limiti fosse l'entusiasmo e non il dolore; ma nulla accade per caso. Il viaggio che intraprendi ha come costante la "ricerca di se stessi" e ciò che sperimenti e vivi durante l'avventura della vita fa parte di un disegno divino, regolato da leggi universali che imparerai a comprendere viaggiando.

«L'unico vero viaggio verso la scoperta non consiste nella ricerca di nuovi paesaggi, ma nell'avere nuovi occhi», diceva Marcel Proust, e oggi guardo con occhi nuovi il mondo che mi circonda, la scuola e la società che sono una grande palestra di vita; contesti in cui tutti apprendiamo quotidianamente ad allenare i nostri muscoli mentali.

L'entusiasmo, la determinazione, l'impegno, la voglia di esternare, la naturalezza e l'autenticità sono rifioriti dopo un lungo periodo di vicissitudini che ho dovuto lentamente e costantemente superare per arrivare fin qui. Senza alcun dubbio, la mia attenzione è stata catturata da altre situazioni, certamente più impegnative e profonde, come la separazione e la gestione dei conflitti, le relazioni familiari, il lavoro, i debiti contratti, i concorsi sostenuti per migliorare la mia professione. E tutto questo è stato affrontato con coraggio e determinazione, nonostante i rischi sostenuti e il prezzo da pagare.

Nel mare delle circostanze, pieno di tempeste, alla fine sono approdata in una terra che sconoscevo. Ogni giorno mi svegliavo con un forte bisogno di capire cosa mi fosse successo, non avevo parole, ma solo silenzi da raccontare e passavo da momenti di attività a momenti di profonda sopravvivenza, attraversando luoghi bui, vuoti, in mezzo ai resti. Per tanto tempo sono rimasta con un profondo senso di desolazione e aridità e un inconsolabile bisogno di protezione. Quella protezione che ho cercato in tutti i modi di non far mancare al mio tanto amato figlio.

Quando la tempesta è stata superata e il buio è svanito, la mia vita ha ripreso a pulsare regolarmente e con soddisfazione. Ho sentito il bisogno di ascoltarmi, perché non ci riuscivo più, tante erano le ansie che mi riportavano alla realtà che dovevo affrontare e di cui mi dovevo occupare. Durante la mia sosta, ho ritenuto importante e doveroso attrezzarmi adeguatamente per sopravvivere alle tappe di un percorso che si è presentato obbligato.

Ho cercato tra le macerie la mia "valigia perfetta" quella in cui era depositata la conoscenza. È stato quello il momento in cui ho ricevuto una sorta di segnale interiore a cui dovevo dare fiducia. Ho ripreso la rotta salpando verso dove mi suggeriva il cuore e, giorno dopo giorno, ho iniziato a camminare in modo costante e determinato, proseguendo il viaggio della conoscenza, consolidando i saperi in mio possesso e sperimentandone di nuovi che mi affascinano, sempre più.

Riprendendo il cammino, mi sono ispirata all'amore per mio figlio, per la mia famiglia, per i miei cari, e ho agito per accrescere la mia sapienza che ha permesso di mettermi sulla giusta rotta. E oggi ne sono ancora più consapevole, adesso che sono qui a reinventarmi. Tutto accade per un motivo. La vita ti offre un'opportunità più grande: devi solo saper pazientare e aspettare il tuo momento per comprendere a chiare lettere la persona che sei diventata.

Mi sono incamminata in cerca di nuovi strumenti per sopravvivere. Riprendere il viaggio non è stato né facile né semplice. Sono stata assalita dai dubbi ma, con tenacia, sono riuscita a mantenerne il controllo. Ciò che desideravo era approdare in un'isola fantastica e ricostruire una nuova vita. Ben equipaggiata e al timone della nave, nonostante le tempeste incontrate, proseguo il mio viaggio e, con voce ferma e decisa, dico: «Avanti tutta!»Ci vuole tempo e costanza per giungere alla meta, senza arrendersi davanti alle difficoltà, senza mai lasciarsi scoraggiare dai fallimenti e dagli sbagli,bisogna essere pronti e avere la forza di ricominciare, senza rassegnarsi alla mediocrità.

A te, caro lettore, dedico queste pagine per conoscere come nel "viaggio della vita" si debba seguire un processo, talvolta forzato, talvolta naturale, lungo ma necessario, per poter realizzare il sogno e comprendere il significato vero e profondo della stessa esistenza che ci mette a dura prova per dimostrare quanta fiducia e forza risieda in noi stessi.

Dimostra coraggio dunque! Non lasciare che la paura, i condizionamenti e gli insuccessi ti distolgano dal tuo progetto di vita. Segui il tuo cuore e il tuo intuito. Essi sapranno orientarti nel mare dell'incertezza alla stregua di una bussola, facendoti imboccare la direzione giusta, perché loro sanno sempre chi siamo destinati a diventare.

Capitolo 1:
Il lavoro

«Il lavoro è vita, e senza quello esiste solo paura e insicurezza», diceva John Lennon. Il lavoro è garanzia di benessere e coesione sociale, molto più di questo, esprime la dignità della persona umana, pertanto è da ritenersi "un servizio divino", come diceva Martin Lutero, e rappresenta l'espressione più nobile dell'essere umano al servizio del benessere e dello sviluppo del proprio paese.

Il lavoro occupa una parte predominante nella nostra vita, è più consistente di qualsiasi altra attività: è energia, determinazione, scopo di vita, necessità. Tutti, infatti, trascorriamo la maggior parte del nostro tempo al lavoro e siamo chiamati a dare un contributo di responsabilità a questo mondo sempre più globalizzato.

C'è il lavoro fisso, quello da dipendente, quello autonomo, quello del titolare d'impresa e dell'investitore, quello adeguato perché risponde all'impegno (studio, gavetta ecc.) impiegato per ottenerlo, e anche quello occasionale, ma non per questo da considerare riduttivo, mirato al necessario sostentamento. Ma deve esserci (purtroppo, per tanti che, soprattutto nel nostro presente storico, ne sono privati, dovrebbe esserci).

L'uomo contiene nella sua essenza il concetto aristotelico di *homo faber* (l'uomo opera). Ogni sistema sociale che prostra questo slancio vitalistico connaturato alla persona, non può dirsi civile. Con il lavoro i cittadini si realizzano, e il nostro paese deve mantenere la promessa di sperimentare nuove forme di lavoro per eliminare il tasso di disoccupazione, favorire la ricerca, lo sviluppo, la produttività e l'autorealizzazione. Questo proposito, osannato da ogni colore politico, sembra la linea figurata dell'orizzonte: irraggiungibile.

Sappiamo che ogni cittadino ha il diritto e il dovere di lavorare in modo conforme alle proprie possibilità e alla propria scelta, può scegliere delle attività o esplicare delle funzioni che siano idonee allo sviluppo culturale, economico, morale e sociale del proprio paese. Sui diritti potrei scrivere un trattato, ma mi limito a una considerazione importante che tocca il mondo del personale scolastico, docente e ATA, che non riceve i giusti compensi stipendiali da anni. Gli stipendi e le fasce di livello fanno riferimento al CCNL del 2009, una questione che, tutt'oggi è stata parzialmente risolta dall'intesa pre- contrattuale firmata tra Aran e sindacati.

Sono questi i diritti riconosciuti al lavoratore? È questo il modo di valorizzare la produttività dei lavoratori che ogni giorno si prodigano nella loro missione di vita? La centralità del lavoro è chiaramente espressa nell'art.1 della Costituzione italiana («L'Italia è una Repubblica democratica fondata sul lavoro»)e nella quantità di articoli che seguono, in cui è condensata la storia d'Italia.

Il lavoro è stato sempre il motore della grande ripresa economica e il nostro impegno consiste nel non dimenticare questo valore autentico e degno di nota, a cui prestare la giusta attenzione dando risposte efficaci con provvedimenti concreti. Quando si attiveranno la politica e il sindacato per arginare questa situazione divenuta incresciosa? Mi auguro, caro lettore, che avvenga presto

quel cambiamento tanto desiderato che svegli dal lungo sonno i parlamentariche detengono il potere decisionale e difendono all'unanimità i loro stipendi, il diritto alla pensione, i rimborsi (ristorante, viaggi, tessere, pedaggi etc.)
Oggi, nell'era di un capitalismo finanziario che ha soppiantato il vecchio capitalismo reale, che pure produceva e creava posti di lavoro, sembra si sia perduto il giusto valore della dimensione umana nella sua integrazione lavorativa. Un sistema di flussi di danaro che passano con facilità da una banca all'altra, smembrando fabbriche, riducendo unità lavorative, sviluppando una disoccupazione su larga scala che tende sempre più a diventare strutturale, non fa bene al nostro paese: questa forma di capitalismo finanziario, che fa gli interessi di una ristretta classe sociale, è deleteria per la collettività. E la politica, invece di arginare questo fenomeno dei nostri tempi, sembra invece assoggettarvisi.

Oggi il lavoro scarseggia ed è ancora un problema irrisolto a cui bisogna restituire la giusta dimensione, da quella economica, con un'equa ridistribuzione della ricchezza alle parti sociali meno avvantaggiate, a quella etica, riportandola produzione a una valenza non prettamente speculativa. Il lavoro è un diritto della persona. Chi nella sua esperienza di vita si è trovato nella condizione di non averne uno sa che il lavoro è molto più di un mezzo di sostentamento per vivere. E chi non ce l'ha vive in condizioni di forte disagio, disorientamento e frustrazione.

Il periodo storico-sociale in cui viviamo ci mostra con chiarezza che il nostro paese sta attraversando una fase di crisi occupazionale ed economica che dura già da parecchi decenni. Ciò dovrebbe aiutarci a comprendere meglio che è arrivato il momento di cambiare passo e trasformare il tutto in opportunità, cambiando in primo luogo la mentalità generale volta a incrementare un disfattismo che, anziché promuovere iniziative, si adagia su parametri di adeguamenti passivi a un sistema che, così, appare senza uscite. Il mondo moderno è ricco di opportunità e possibilità che sarebbero state inimmaginabili anni fa.

Durante tutta la vita, ho prevalentemente insegnato in diversi ordini di scuola e sono sempre stata un'appassionata del mio lavoro. Ho trasmesso amore per lo studio ai miei allievi, dimostrando forte abnegazione per una professione che considero al pari di una missione. Non mi sono occupata solo di insegnamento: ancor prima di diventare docente di ruolo, ho gestito una scuola privata a conduzione familiare, nido, materna ed elementare.

Con il trascorrere del tempo, ho scelto di esercitare la libera professione come pedagogista e, per completare, nel 1998 sono entrata di ruolo come docente elementare. Come ho già accennato in fase introduttiva, ho insegnato nei diversi ordini di scuola per passaggio di ruolo, a seguito delle abilitazioni conseguite. Ho intrapreso anche la carriera come dirigente sindacale e mi sono occupata dei lavoratori, tutelandone soprattutto i diritti.

Sono stata attratta dal cambiamento e incuriosita da esperienze nuove, pertanto durante il "viaggio" ho frequentato costantemente e assiduamente validi corsi di formazione che mi hanno permesso di accostare la teoria all'ottima pratica. Ritengo fondamentale basare certe scelte formative su ottime teorie, perché spesso la migliore pratica coincide con le migliori teorie.

I diversi corsi di formazione a cui ho partecipato sono stati validi per amplificare e potenziare le mie conoscenze, che ho reinvestito quotidianamente nella mia professione a vantaggio della famiglia, dei colleghi e degli studenti delle varie scuole in cui ho insegnato e dei contesti sociali in cui ho interagito. L'obiettivo che mi ha spinto all'azione è sempre stato chiaro e unico: aiutare gli altri mettendo i miei saperi a disposizione di chi sta affrontando un cambiamento.

Ho partecipato a diversi meeting, workshop, seminari, corsi gratuiti e a pagamento, e tutti mi hanno permesso di impreziosirmi accrescendo il mio bagaglio di conoscenze che, trasformate in abilità e competenze, mi hanno permesso di realizzare quanto mi preme comunicare nelle pagine che compongono questo testo. Scrivere il libro nasce dal forte bisogno di motivare me stessa e migliorare la mia performance.

La scrittura è la «pittura della voce», diceva Voltaire, e in questo libro voglio proporre un nuovo modo di intendere il lavoro, nobile abilità, concetti che, trasformati in competenze, diventano possibile magia. Lo scopo è quello di invitare tutti a leggere di più e a scrivere, perché tramite la lettura si dà suono alla propria voce, il lettore diventa lettore di se stesso e la passione, l'entusiasmo, la determinazione si mescolano insieme, si fondono diventando un tutt'uno. La scrittura, che è consequenziale alla lettura, colora gli spazi bianchi dell'esistenza. Mettersi in gioco diventa prerogativa essenziale per realizzare il desiderato e renderlo manifesto.

Quando svolgi un lavoro che ti appassiona, respiri un'aria incredibile, diversa, formata da elementi essenziali: serenità, libertà, impegno, volontà. Sei avvolto da un'atmosfera magica: le idee cominciano a fluire e ti lasci trasportare dal fiume della vita, approdando verso nuovi orizzonti. L'ambiente in cui lavori deve essere un ambiente potenziante che ti permetta di migliorare la tua performance e, in questo modo, migliorare il tuo stile di vita e quello degli altri.

Sapevo che dentro di me sarebbero germogliati dei semi piantati e coltivati già da tempo. Ho capito, strada facendo, che diventare imprenditrice, iniziando da me stessa, è il mio futuro, cosa che per tanto tempo è rimasta recondita e segreta. L'idea ha iniziato a delinearsi sempre di più, rendendosi chiara, e il mio entusiasmo cresceva proporzionalmente. Da buona turista consapevole, ho esplorato nuove strade, fintanto che mi sono ritrovata davanti un'opportunità inesplorata alla quale sono approdata con la giusta decisione.

Il sogno di realizzare una startup innovativa a scopo culturale e turistico, che si propone di organizzare eventi formativi, nasce dalla profonda motivazione di migliorare me stessa, il futuro del nostro paese e quello di tanti giovani che si accontentano di fare "qualcos'altro" soffocando i propri desideri. La crescita evolutiva e professionale è necessaria, indispensabile nella vita di ognuno e passa per tante cose; sono soprattutto le tue intuizioni a guidarti e a spingerti a fare delle scelte che risultano appropriate quando le tue vibrazioni emotive si allineano con il tuo desiderio trasformandosi in opportunità.

A mio avviso, quello che mi ha permesso di attraversare il ponte dal mondo ordinario a quello straordinario è la formazione, la conoscenza e la motivazione. L'alta formazione ti permette, senza alcun dubbio, di acquisire nuove conoscenze che, messe in pratica, trasformano le tue idee in azienda. Rende possibile la realizzazione dei tuoi sogni, anche i più ambiziosi. Per arrivare a questa fase è necessario perseverare, essere costante e soprattutto credere in se stessi.

Ho scelto di intraprendere la strada della qualità lasciandomi alle spalle la zavorra che ha inficiato il mio cammino. Ho acquisito maggiore fiducia in me stessa perseverando nella mia impresa, coinvolgendo quanti hanno creduto nel mio progetto di vita, personale e professionale. Il bisogno di fare, di sbagliare anche, e di riprovare non mi hanno fatto demordere. Ho agito, non ho mollato. La scelta non è stata né facile né scontata.

Dalle tue decisioni, mio lettore, dai tuoi errori (che pure fanno parte della "crescita" individuale)apprendi quotidianamente come rialzarti dopo inevitabili ostacoli, e crei vero valore nei contesti in cui abitualmente vivi, diventando artefice del cambiamento:da quello soggettivo a quello interattivo.

Oggi la possibilità di lavorare in un contesto di collaborazione è all'ordine del giorno, ci sono gruppi di lavoro ovunque, nelle scuole, nelle aziende in cui prevale la cooperazione tra colleghi, decisamente preferibile rispetto al clima di competizione che nasce in quei contesti ostici e resistenti, in cui non si ha la consapevolezza di quanto la collaborazione sia più produttiva ed efficace. Per generare risultati migliori è necessario essere collaborativi anziché competitivi. Ho fatto mio il motto "vincere senza competere" che ho interiorizzato leggendo il bestseller di W. Chan Kime Renèe Mauborgne, *Strategia oceano blu*, imprenditrice che ho conosciuto personalmente nel 2015 partecipando al Forum delle eccellenze, organizzato da Performance Strategies

Di solito si avvalora la competitività, ma è errato. È lo spirito di cooperazione, della squadra (team)che deve mettere in subordine quello competitivo, o modificarlo nell'accezione comune in cui viene inteso. Il poter lavorare in un clima aperto e collaborativo, in cui la flessibilità oraria permette di vivere dignitosamente e di stare bene,non inficia i risultati bensì accelera il raggiungimento degli obiettivi, elimina lo stress e consente di poter esprimere al meglio il proprio talento.

A tal proposito ritengo necessaria la formazione aziendale in cui il lavoratore, spinto dal desiderio di crescita personale e professionale, contribuisce all'evoluzione consapevole nell'azienda o presso l'istituzione di cui fa parte. Il lavoratore (tu, mio figurato lettore), intraprende così un percorso di carriera a cui associa l'espressione del talento che gli è proprio (inteso come inclinazione naturale, capacità e decisa competenza) alla sua stessa persona.

Il talento è un'abilità straordinaria che non occorre conquistare, è insito in ognuno di noi, lo si possiede sin dalla nascita. È necessario "risvegliarlo", perché in ogni essere umano vi è una predisposizione naturale. È un dono prezioso che va nutrito e allenato con costanza e fiducia. Non sprecarlo, cerca di avere un buon rapporto con la tua interiorità, non rifuggirlo, ascolta te stesso.

Allena costantemente il tuo potenziale cognitivo con l'esercizio per raggiungere risultati eccellenti. L'azione è il primo passo verso la pratica del talento. Chi coltiva un talento durante il viaggio dell'esistenza può scontrarsi con difficoltà e paure. Solitamente chi possiede talento non imbocca strade obbligate, ma conserva una mente libera e progettuale.

La formazione che valorizza le attitudini personali del lavoratore, il suo talento, crea beneficio tanto all'azienda, pubblica o privata che sia, quanto al lavoratore stesso che, nel dare, riceve un contributo e un riconoscimento di qualità e di valore. Per stimolare la crescita e il miglioramento dei collaboratori, all'interno di un'istituzione o di un'azienda è prioritario organizzare momenti di condivisione e di ascolto.

Il talento è la base delle risorse umane, e pertanto riconoscerlo con sessioni programmate di coaching consente di acquisire consapevolezza dei punti di debolezza che influenzano la carriera e soprattutto sviluppare i punti di forza: la fiducia, il coraggio, la motivazione e la creatività che permettono di esprimere al meglio il proprio talento.

Senza dubbio i bisogni dei lavoratori sono diversi, pertanto è necessario fare dei sondaggi per poter comprendere meglio le esigenze di ognuno, perché per alcuni potrebbe risultare più importante la crescita e la carriera, per altri il clima di lavoro sereno e l'adeguamento dello stipendio alla mansione svolta.
Poter lavorare in un contesto che mette al centro le persone è

molto importante e fa la differenza, perché fa sentire le persone tutelate e serene e le rende più produttive. Durante le attività lavorative può capitare di sbagliare, un meccanismo s'inceppa e qualcosa va storto. Di chi è la colpa? Scatta la ricerca del colpevole che innesca un vortice di responsabilità a catena, senza fine, a effetto domino. Gli stati d'animo si accendono e le persone coinvolte in questo vortice vengono mortificate e sminuite. A cosa può giovare tutto questo? Assolutamente a nulla.

In questi casi, è urge un cambio di prospettiva: ogni volta che si verifica un problema, non risulta affatto produttivo cercare un "responsabile". È quest'idea di sistema che va migliorata, anzi, cambiata. Ti renderai conto, mio lettore, che questa è un'autentica rivoluzione. Pensare in questo modo e agire in questa direzione, ti porta a valorizzare l'errore, a imparare da esso per non ripeterlo. Il mondo della scuola ha subito tanti cambiamenti e ancora altri ne seguiranno.

Quando cominciamo a porci delle domande su ogni cosa che accade, e che ci accade, diventiamo più consapevoli. Sono proprio le domande che ci poniamo a spingerci oltre i confini, oltre i

nostri limiti. Allora chiediamoci:
1. Che cosa mi piace?
2. Cosa mi riesce fare bene?
3. Ciò che sto facendo è una benedizione per gli altri?

Sono queste le domande che mi hanno accompagnato lungo il mio viaggio. Superare noi stessi per creare qualcosa di nuovo è lo scopo principale dell'esistenza. Spesso siamo scettici di fronte ai cambiamenti e ci troviamo al cospetto di tante perplessità ma, capovolgendole in positivo, sono queste che ci fanno osservare le situazioni in modo attento e scrupoloso, spingendo la nostra ricerca oltre l'ordinario, per ricercare e trovare momenti di appagamento.

Non è facile essere scettici, porsi nel costante dubbio sistematico (il dubbio deve essere inteso in maniera metodica, come insegna Cartesio), nella domanda e nella ricerca. Quando siamo in questa fase dell'esistenza, intuiamo che in ogni cosa si nasconde molto più di quello che ci hanno raccontato. Si accende in noi un nuovo fuoco e la nostra anima sente l'impulso di ricercare e sperimentare cos'è quel segno (e tutto è segno) che ci obbliga a una costante interpretazione.

Il punto è questo: saper mettere in giusta chiave dialettica ciò che si pone noi innanzi, perché non sia accettato passivamente. Ed è proprio in questa fase che sentiamo di non accontentarci, di non essere accomodanti, e avanziamo verso quel ponte che ci spinge oltre, facendoci avanzare in modo più creativo, perché tutti siamo capaci di creare e percepire un mondo più ampio. E non è forse questo che, fondamentalmente, tutti vogliamo, che ne siamo consapevoli o no?

Le certezze sono rassicuranti, sono zone di comfort, e tuffarsi in un futuro che non si conosce produce insicurezza, timore, incertezza e paura, ma è proprio questo salto che infonde forza e che, da sempre, ha portato avanti l'umanità di cui facciamo parte.

RIEPILOGO DEL CAPITOLO 1:

- SEGRETO n. 1: il lavoro è nobile abilità che trasforma in competenza le tue conoscenze.
- SEGRETO n. 2: gli errori fanno parte dell'esperienza, sono un ottimo trampolino di lancio per conseguire risultati migliori.
- SEGRETO n.3: l'ambiente in cui lavori deve essere potenziante per migliorare la tua performance.
- SEGRETO n. 4: la decisione è determinante per il cambiamento.
- SEGRETO n. 5: non ti accontentare di vivere in zone di comfort, salta fuori e agisci per il cambiamento.

Capitolo 2:
Paura o coraggio

Non avere paura di volare, abbi sempre il coraggio di affrontare gli ostacoli che incontri lungo il tuo cammino. La paura è un'emozione che, se non sai come affrontarla, ti può paralizzare e bloccare il tuo talento. Non lasciare che la paura ti domini, sfodera il coraggio che è in te, affrontala e sarai tu a controllare la tua vita divenendo l'artefice del tuo destino. Non lasciarti sopraffare, gestiscila! Il talento da solo non basta, per vincere la tua battaglia è necessario sconfiggere il nemico: la paura.

La paura non è sempre negativa, anzi, in alcune situazioni ti carica di adrenalina e ti spinge ad agire come stimolo di sopravvivenza. Perciò puoi utilizzarla positivamente per raggiungere un obiettivo. Un sogno. Ti sarà certamente capitato di trovarti in una situazione da cui era difficile uscire, in cui ti sei sentito intrappolato. Rifletti: come hai affrontato la difficoltà? Certo, l'esito, quale che possa essere (l'esempio è ovviamente ipotetico), dipende sempre dal tipo di difficoltà e dal carattere della persona ipotizzata, ma è importante ricordarsi di porgersi sempre con atteggiamento nuovo, creativo e innovativo, per superare gli ostacoli (mai insormontabili) che possono presentarsi nell'arco della vita di ognuno.

Non dico che sia facile ma sostengo che nulla è impossibile. È invece possibile svincolarsi da questo circolo vizioso che, simile a una spirale, può trascinare dentro un vortice, senza dare scampo. Ti starai chiedendo: come si può uscire da tale stato emotivo? Non è facile ma non è neanche difficile. Innanzi tutto devi volerlo con tutto te stesso. Trovare la tigre che è in te e sfondare quel muro di paura che ti immobilizza. Iniziare a vivere una nuova vita. Le delusioni e le aspettative che non corrispondono alle tue convinzioni rinforzano questa emozione nefasta, rendendola una forza aliena che influenza negativamente la tua vita e il tuo agire.

Prendendo consapevolezza dei limiti che spesso ci auto-imponiamo, riusciamo ad abbattere quei muri che ci impediscono di vivere la vita che vogliamo. Vincere questa battaglia ci permette di rientrare in carreggiata e proseguire la nostra esistenza con sicurezza e determinazione. Dobbiamo riconoscere la nostra parte di responsabilità pur sapendo che i condizionamenti, l'educazione, la società e quant'altro giocano un ruolo determinante e non sempre favorevole o vantaggioso per noi. La costanza e la determinazione sono le leve che ti aiutano a perseguire i tuoi obiettivi.

Molto spesso, cadiamo in fossati da cui sembra difficile riemergere, ma non è importante quante volte si cade, è importante essere capaci di rialzarsi. Puoi sicuramente trovarti nella condizione in cui o provi il tutto per tutto per andare avanti, oppure molli definitivamente e ti rassegni alla vita che la società, il sistema, con forza inerziale, ha pianificato per te su misura, continuando a essere lo schiavo di qualcuno, finanche di te stesso.

Tutto dipende da ciò che vuoi veramente. Se davvero credi in qualcosa, niente e nessuno ha il potere di portartelo via. Nel raccontarti la mia personale esperienza, spero di poterti aiutare a capire che anche tu puoi farcela. Tutti possiamo farcela. Dobbiamo permettere a noi stessi di liberarci dai condizionamenti che ci legano a vecchie situazioni passate che non ci permettono di vivere la vita che realmente desideriamo. Anche a te sarà capitato di superare difficoltà, insidie e ostacoli nel breve o lungo termine. Ricorda: le difficoltà che incontriamo sono i nostri allenamenti, sono ciò che rafforza la nostra resilienza e la forza di volontà.

Durante il viaggio della vita, sperimenti cose nuove e puoi temere il nuovo perché sconosciuto, conosci persone che possono apprezzare o no il tuo operato e che magari non sempre ti incoraggiano a proseguire il cammino. Anzi, il più delle volte accade proprio questo: ostacolano, diffidano, sono scettiche, invidiose, hanno da ridire, criticano mettendo a repentaglio la tua innata semplicità ed emotività, spesso fraintesa e non compresa; più che essere d'aiuto e di supporto, ti trascinano verso il basso facendo rallentare la tua voglia di fare, di dare e di amare ciò che fai e ciò che sei. Così si sviluppano sentimenti negativi che depotenziano notevolmente la tua forza interiore, rendendola fragile, vulnerabile e brutale allo stesso tempo, *disruptive* per la tua crescita personale e professionale.

I "distruttori di sogni" sono persone che non vivono e non

lasciano vivere. Sono coloro che, volontariamente o inconsapevolmente, frenano lo sviluppo e la crescita di quelli che li circondano, coloro che agiscono per il piacere di ostacolare il percorso di chi, invece, crede nella crescita e nello sviluppo. Così agendo, sono capaci di rendere la tua esistenza incompleta e infelice, se tu, caro lettore, lo permetti loro. Forse sono coscienti, o forse no, quello che è chiaro e che ci rendono vulnerabili, ci affogano e ci intossicano.

Nel mio viaggio della vita ne ho incontrate tante, quotidianamente, nei luoghi di lavoro, in famiglia e nelle relazioni amicali e pur tuttavia, nonostante l'amarezza e la delusione raccolte a piene mani, non ho permesso loro di avere il sopravvento nella mia vita.

Non sempre è possibile mantenere le distanze da coloro che possono avere questo effetto devastante su di noi. Un rimedio essenziale per la salute sarebbe sostituire l'emotività con l'indifferenza; sarebbe altrettanto sufficiente stare lontano dal loro raggio d'azione impedendo loro di minare la nostra forza e la nostra autostima. La vita è un dono prezioso e dobbiamo saperla vivere. Ama le persone che ti trattano bene e allontanati senza rimorso da quelle che non lo fanno.

Ho accettato le sfide ed eroicamente, da *self-made woman*, ho proseguito il viaggio attrezzandomi in modo adeguato. Ho iniziato ad alleviare le delusioni e le amarezze volgendo la mia attenzione al cuore, evitando gli ambienti tossici e conflittuali, capovolgendo e trasformando la mia vita radicalmente, seguendo con più costanza il cuore e l'intuizione. Ho rafforzato il mio "sangue freddo" e la fiducia in me stessa, mettendo da parte quell'emotività che mi ha sempre contraddistinto e sostituendo il dolore con la felicità.

Ho sviluppato la metodologia del *problem solving* concentrando l'interesse non tanto sui problemi, come sempre facevo, quanto sulle soluzioni, e questa attitudine si è sviluppata sempre più, tanto che sono diventata abile e veloce nel trovare rapide risposte agli eventi che si presentano quotidianamente. L'azione si è potenziata e ha favorito l'esplorazione continua di nuove imprese.

Con la voglia di sperimentare, mi sono affacciata al "nuovo" in cerca della sua veste migliore, superando le ombre delle paure inconsce e dal loro potere limitante. In una continua "ricerca-azione", mi sono allenata a fare ciò che non avevo mai fatto prima, esplorando nuovi mondi con determinazione, caparbietà e passione per realizzare ciò che più mi stava a cuore: scrivere il mio primo libro. Un sogno rimasto assopito nel tempo perché non avevo fiducia nelle mie potenzialità, rese vulnerabili dalle vicissitudini della vita.

Poter realizzare un sogno ti permette di colmare il cuore ferito e strattonato dalle esperienze dolorose che hai vissuto e che non hai chiesto di vivere. Subisci in quanto spettatore di una vita che non ti appartiene e di cui non sei il protagonista. Sul palcoscenico erano gli altri a esibirsi, perché quanto avevo consolidato e appreso lungo la mia formazione scolastica non mi è servitoa molto, è stata la vita stessa a addestrarmi, nonostante non sempre sia stata clemente.

In passato, le mie scelte sono state frutto di "tentativi ed errori" e non sempre mi hanno permesso di raggiungere i risultati sperati. Oggi, avendo il pieno controllo della mia esistenza, ritrovato l'equilibrio interiore tanto sperato, che coinvolge tutte le sfere della vita, posso confermare di essere riuscita a ottenere risultati di qualità e a migliorare il mio stile di vita.

Possedere le giuste strategie e un buon metodo di pianificazione, personale e professionale, ti permette di resistere con coraggio a qualsiasi tempesta si possa presentare. Si sviluppa quella *resilienza* che aiuta a far fronte alle mille difficoltà, superate o da superare, con l'atteggiamento positivo, determinante e raggiante che oggi mi contraddistingue. Anthony Robbins sostiene che è nel momento delle decisioni che si forgia il proprio destino.

Risvegliando te stesso, prendi consapevolezza di "chi sei" e di "chi vuoi essere" e, se non concedi agli altri il permesso di fare della tua vita il loro centro d'interesse e di utilizzarla come meglio possono, sarai tu stesso l'artefice della tua fortuna, a creare la vita che vuoi e a realizzare i tuoi sogni.

Nel corso della mia vita personale e professionale prendo atto di essere stata strumento di qualcun altro, che ha beneficiato del mio *know-how* e delle mie competenze, per vantaggio personale o aziendale. Ma poco importa, ne sono sempre stata consapevole. Ed è uno spettacolo che è andato in scena per lungo tempo. Questo è un modus vivendi che, se non modificato per tempo, può renderti schiavo di un sistema a cui fa comodo considerarti dipendente. In realtà ciò che può fare più paura o risultare scomodo sono la tua libertà di azione e la tua consapevolezza.

Nella società odierna, infatti, è difficile che tu possa manifestare liberamente ciò che sei realmente, anzi è comodo il contrario, infatti la maggior parte della gente preferisce conformarsi alle regole per quieto vivere. Nel momento in cui diventa chiaro che tu rompi le regole e che non fai la differenza, ma sei la differenza, diventi inopportuno.

Giocando d'anticipo ti trovi circondato da persone che bleffano e non sono sincere quanto invece puoi esserlo tu. Tenendo presente quanto sia importante la formazione, sviluppata anche da autodidatta, ho confermato e appreso conoscenze nuove, ricevute durante gli incontri organizzati dai grandi professionisti, e ho imparato quanto sia importante stabilire delle regole proprie, in modo che, seguendole, si possa ottenere in misura maggiore ciò che realmente si desidera dalla vita, quanto sia importante rendere facile il sentirsi bene e difficile il sentirsi male, e spingersi nella direzione in cui si vuole andare.

La paura, conscia o inconscia, che si è annidata dentro di te, cristallizzandosi, non ti ha permesso di spiccare quel volo a cui la natura ti ha predestinato. Ti può rendere schiavo e spesso prigioniero dei tuoi stessi limiti. Qualche volta capita di lasciarsi bloccare dalle proprie paure, che sono:

- paura di non essere all'altezza;
- paura di combinare guai;
- paura di non farcela;
- paura di sprecare tempo, soldi ed energie;
- paura di fare brutta figura con gli altri.

Le paure, i condizionamenti sono credenze maturate nel tempo, difficili da smantellare; sono erbacce da sradicare. Inficiano il terreno fertile dell'apprendimento e della crescita che, se ben inseminato e curato, fa giungere al raccolto più copioso: il miglioramento dello stile di vita personale e professionale.

Approfondendo questi argomenti, ho cominciato a pormi delle domande di qualità. Premetto che non ero abituata a pormi delle domande specifiche e mirate, nessuno mi aveva mai guidato in questo, sperimentavo il mio quotidiano vivere procedendo per "tentativi ed errori" ed ero abituata ad attribuire la "colpa" di un insuccesso anche agli altri.

Prendendo atto che i risultati a cui arrivavo non sempre mi generavano soddisfazione, ho cominciato a lavorare su me stessa cercando di superare quei limiti che mi avevano condizionato, e cominciando a percepire la mia realtà con occhiali nuovi. Ho deciso di dedicarmi alla "crescita personale", di sviluppare la "motivazione" mettendo in pratica quanto avevo appreso da quelle persone straordinarie che mi hanno permesso di osare e realizzare i miei obiettivi. Ho abbandonato ogni forma di pregiudizio e pensiero limitante applicando, provando, sperimentando e personalizzando quanto scorreva sotto i miei occhi.

Da quel momento ho iniziato delle riflessioni più profonde e mi sono posta delle domande di qualità:

1. Come posso aiutare me stessa a capire in che cosa sono esperta?
2. Come posso raggiungere risultati migliori?
3. Come posso aiutare le persone a capire in cosa sono esperte?
4. Come posso aiutare gli altri a risolvere un problema, facendo addirittura in modo che questo porti loro delle entrate economiche aggiuntive?

È a partire da queste considerazioni che la mia direzione è cambiata perché, se non si sa dove si vuole andare, non c'è bussola che possa orientare. Per parte mia, voglio prima di tutto migliorarmi e continuare a farlo in modo continuo e permanente, e poter essere di aiuto alle persone che desiderano fare lo stesso.

Sicuramente, essere orientati a prendere la direzione giusta ottimizza le energie e permette di guadagnare più tempo, risorsa preziosa per tutti. Sapere che c'è qualcuno pronto ad aiutarti è come possedere un'ottima bussola che ti guida nel cammino – che intraprenderai con più naturalezza – per farti raggiungere i risultati sperati. Nel momento in cui cominci a cambiare, cambia tutto, la tua realtà, il contesto in cui ti muovi, vivi e agisci. Le relazioni cambiano e, come per magia, ti trovi a far parte di gruppi di "pari", persone che hai sempre desiderato incontrare e conoscere perché più simili a te, in quanto credono in ciò in cui tu credi e condividono i tuoi stessi ideali e valori. C'è chi questo lo definisce "coincidenze", "attrazione magnetica" oppure "legge d'attrazione". È comunque certo che accade.

Il cambiamento è un processo che si dispiega in modo naturale, tutto è in continuo divenire, ma è la trasformazione insita in ogni essere a richiedere un tempo diverso di realizzazione e conquista. Oggi è il momento giusto per cambiare passo, basta crederci. Ed è il momento di prendere consapevolezza anche dei possibili auto-sabotaggi presenti nella nostra mente.

Purtroppo siamo più portati a credere ai pensieri negativi, che a loro volta si trasformano in credenze depotenzianti, minando così la nostra sicurezza e impedendoci di esprimere le nostre vere capacità. Bisogna tenere a mente che i risultati di una persona sono il frutto delle sue azioni, che sono influenzate dalla sua energia e dal suo stato emotivo, direttamente legato ai tipi di pensieri. Il modello di apprendimento che è presente in ognuno di noi è dato dalla somma di informazioni e programmazioni che abbiamo ricevuto in passato e soprattutto nei primi anni di vita.

A tutti noi sono stati impartiti insegnamenti che sono diventati condizionamenti, traducendosi in risposte automatiche che valgono per tutta la vita, o almeno fino a quando non decidiamo di intervenire per modificarle. Possiamo tenere sotto controllo i nostri pensieri e, grazie al libero arbitrio, correggerli e orientarli a nostro beneficio è possibile.

Il processo di assimilazione delle informazioni che riceviamo costantemente, in ogni momento della nostra quotidianità, avviene in frazioni di secondo, pertanto ogni pensiero deve essere allineato ai nostri desideri e deve essere esercitato, ripetuto e allenato per poter parlare lo stesso linguaggio del nostro subconscio, che non distingue l'immaginazione dalla realtà.

Per intraprendere un giusto cambiamento, dunque, è diventato importante cambiare la mentalità, perché:
- tutti noi abbiamo delle competenze;
- tutti noi sappiamo fare qualcosa che altri non sanno fare;

- tutti noi abbiamo delle soluzioni che altri vorrebbero avere che pagherebbero per avere.

Di fronte al nuovo, tuttavia, non tutti reagiamo alla stessa maniera, è inevitabile che ogni essere umano assuma atteggiamenti diversi, perché ognuno ha la propria percezione. L'importante è lasciarsi trasportare dal fiume della vita e cogliere le opportunità che ha da offrirti. Senza alcun dubbio dovrai superare delle prove nelle tue imprese giornaliere, essere attrezzato, scaltro, agile e attento, soprattutto rimanendo focalizzato sul tuo obiettivo e agire affinchè si realizzi.

La lettura di famosi libri quali *Come ottenere il meglio da sé e dagli altri*, famoso testo divulgativo di PNL di Anthony Robbins, *Leader di te stesso* e *Coach di te stesso* di Roberto Re, *Pensa e arricchisci te stesso* di Napoleon Hill e tanti altri che troverai citati in questo libro, mi hanno permesso di seguire un *percorso formativo nuovo*, orientato al "miglioramento continuo", facendo nascere in me la passione di tirare fuori da me stessa il mio meglio, in modo continuo e permanente, per raggiungere risultati eccellenti. Mi ha permesso di ri-condizionare il "vecchio" modello di apprendimento per allenare la mente a rispondere in modo più fiducioso e incoraggiante agli stimoli dello studio, dell'aggiornamento e della vita stessa.

La conoscenza si apprende con i libri ed è grazie a essi che possiamo confrontarci con culture diverse, con filosofi del passato, con poeti e scrittori che ci consentono di apprendere arti e mestieri, di capire meglio la realtà, l'economia e la complessa rete dei rapporti sociali. La scrittura è un'arte, e le conoscenze che possediamo ci conferiscono quel potere che necessita di essere scoperto e condiviso, messo nero su bianco; questo è ciò che mi propongo di fare, mio caro lettore, e a te voglio dedicarlo. Utilizzo questo mezzo per sfidare me stessa e per valorizzare quelle risorse inesplorate che giacciono in ognuno di noi.

La gioia più grande, che provo in questo preciso instante, è quella di esserti utile, almeno lo spero, e di ispirarti a vivere il cambiamento in modo positivo e costruttivo. Sogna, sperimenta, fai qualcosa di nuovo. Sii fedele ai tuoi valori, fallo con amore e sii migliore in quello che fai. Sei tu il responsabile della tua vita. Sbaglia, se necessario, perché attraverso l'errore aumenta l'esperienza, ma non essere troppo duro con te stesso quando ti accorgi che risulta difficile, non avere paura, stabilisci ciò che vuoi ottenere dalla tua vita e rispondi a questa domanda: chi voglio essere?

Ti ricordo che, grazie alle difficoltà che la natura ci pone innanzi, si diventa più forti e degni di poter realizzare i nostri grandi o piccoli sogni, anche quelli più oscuri e segreti.

Perciò ringrazio tutte le persone amiche, i miei studenti e i miei colleghi che, credendo in me, hanno favorito questa mia impresa e che hanno anch'essi avvertito il bisogno di cambiare alcune delle loro regole, contribuendo a migliorare se stessi e favorendo il miglioramento e lo sviluppo sociale.

RIEPILOGO DEL CAPITOLO 2:

- SEGRETO n. 1: la paura tenterà di bloccare il tuo talento, resisti, sfodera il coraggio e vai avanti, non ti fermare.
- SEGRETO n. 2: sperimenta diversi metodi; non ne esiste uno sempre valido per ogni contesto.
- SEGRETO n. 3: scrivere è una nuova opportunità che ti permette di esplorare le risorse inesplorate che giacciono dentro di te.
- SEGRETO n. 4: il cambiamento è un processo naturale, seguilo senza timore.
- SEGRETO n. 5: la conoscenza si apprende dai libri e da persone qualificate che sanno guidarti alla scoperta di risultati straordinari.

Capitolo 3:
La conoscenza

Albert Einstein diceva: «La mente intuitiva è un dono sacro, la mente razionale è una serva fedele, noi abbiamo favorito una società che onora l'accezione "servile" e ha dimenticato il dono come capacità raziocinante».

La società odierna è molto complessa e, nonostante il progresso, l'opulenza, la promiscuità in ogni campo e un'industrializzazione che ha capovolto il concetto dell'utile, riducendolo a un interesse ristretto e di parte invece di allargarlo alla collettività (Scuola di Francoforte), viviamo in un'epoca storico-sociale (lo storico-sociale, comprende anche l'economico) di crisi strutturale, ossia radicata nei sistemi sociali a qualsiasi latitudine e longitudine.

Si tratta di una crisi non più allo stato latente, ma conclamata, e che sembra si sia adagiata su se stessa, evidenziando, nell'irrazionalità del suo perdurare, una pericolosa passività. Da qui un malessere sociale che tende ad allargarsi su vasta scala, coinvolgendo aree sociali che prima si reputavano al sicuro da rischi di declassazione e caduta economica: la crisi dei colletti bianchi (il ceto medio) è, in tal senso, un esempio che non ha bisogno di commenti.

Facendo un tuffo nella storia recente dell'industrializzazione, possiamo ricordare che, con l'immissione delle tecniche industriali, la produzione è cresciuta, è aumentata e, a tal guisa, è aumentato anche l'entusiasmo di tanti per i risultati ottenuti. Risultati che coinvolgevano tutti i settori del sistema socio-economico. Per durare e progredire, la produzione doveva espandersi (deve espandersi) sempre. Per consentire ciò, i prodotti venivano venduti sempre di più e il consumo veniva favorito e mitizzato mediante voce di propaganda. Vi era la corsa al successo economico che era divenuto essenziale e permanente.

Con il passare del tempo, all'ideale di una società americana del benessere, si sostituisce da noi una società che rischia uno stato di crescente povertà, dovuto proprio a quella crisi ormai ramificata in ogni settore. Mi chiedo perché ciò accada ancora oggi, nonostante viviamo nell'era della quarta rivoluzione industriale che ci pone all'avanguardia insieme ai paesi europei più avanzati.

All'uomo di oggi viene negato il suo effettivo benessere, inteso come equilibrio materiale e psicologico. Pur vivendo in una società avanzata, sempre più digitalizzata e globalizzata, il progresso e il consumismo procedono irreversibilmente a scapito dell'uomo e del suo retaggio etico. Gli viene chiesto di anteporre la possibilità di auto realizzarsi, resa possibile invece con lo sviluppo personale e sociale in quanto, l'individuo interagisce in una rete di potenziali relazioni e la sua felicità divenuta quasi utopica, può essere salvata.

Dalle varie alternanze politiche, e di qualsiasi colore esse siano, ci viene chiesto continuamente di sottoporci a continui sacrifici per sanare debiti che non si sa più chi ha contratto e a quale scopo. Sono certa che sia già in atto un profondo cambiamento, divenuto oramai necessario. Si sente più che mai l'esigenza di far cambiare rotta a un sistema che non rivaluta il benessere collettivo e, di conseguenza, quello individuale. Mi auguro che queste pagine possano sensibilizzare la coscienza di tanti, soprattutto di coloro che occupano ambiti decisionali a livello locale, nazionale e internazionale.

La politica che strumentalizza interessi di parte è stata sempre quella che, purtroppo, ha caratterizzato la nostra condizione di cittadini, e questo non ha fatto progredire il nostro paese. Al contrario lo ha depauperato di molte risorse, trascurando settori (quello artistico-culturale, antropologico e sociologico valga per tutti gli altri esempi possibili, e sono davvero tanti!) che avrebbero potuto rendere molto, sia a livello occupazionale sia a livello di crescita in senso lato.

Ci sarebbero veramente tante e tante opportunità per arginare il fenomeno della povertà e della disoccupazione sempre più dilagante. Eppure la crisi che corrode il sistema sanitario e quella della pubblica istruzione, settori primari su cui si misura il grado di civiltà di un paese, persiste tutt'oggi. Occorrono leader competenti, capaci di motivare, sostenere e guidare le masse permettendo a ciascun individuo di allargare i propri confini offrendogli possibilità che non sembrano visibili e che pure potrebbero essere sviluppate e concretizzate.

È facile o difficile dare una svolta positiva alle masse, svegliare le coscienze dei tanti che sembrano assuefatti a un retaggio di vita stagnante? Le nostre convinzioni, in generale, scaturiscono dall'educazione, dalle tradizioni culturali, dal gruppo dei pari e così via. In altri termini, sono il risultato delle culture che ci hanno preceduto e che hanno influenzato, nel bene e nel male, la nostra attualità.

Sono pochissimi gli individui capaci di mettere da parte l'influenza di massa, le tendenze della moda e dirigersi, con determinazione ed entusiasmo, verso il raggiungimento dei propri obiettivi o possibilità da realizzare. Raggiungere i propri sogni, perché non dirlo? La mente collettiva sancisce gli *idòla* (per dirla alla Bacone), che sarebbero falsi miti. L'ideologia collettiva dà una sicurezza fittizia.

Gioire di se stessi, anche negli errori, negli inciampi della vita, nelle difficoltà che, a prima vista (ed erroneamente), sembrano insormontabili. Attuare una forma di preghiera che non si rivesta di canonicità, ma che si apra al cuore con quel segno di autenticità che, spesso, sfugge a quella ragione che pure vorrebbe contenerlo in schemi chiusi, in logiche che sono tutto, tranne quel bisogno di aprirsi all'atto di una preghiera. Aprirsi alla fioritura di un cuore che vuol essere ascoltato, capito, coltivato nella sua necessità umana. Questo è raggiungere il proprio essere. E, quando accade, è un'esplosione di bellezza, di beatitudine, di silenzio, di una luce che riflette una dimensione di pace.

Non si fa altro che parlare di crisi. Tanto che la parola stessa ha perso di senso. Ci si è stancati di sentirla, di vederla strumentalizzata ora da questo ora da quest'altro. Purtroppo la *competizione social* diventa sempre più selvaggia e spietata e i posti che molti acquisiscono, o non acquisiscono, non sono sempre consequenziali al merito (di chi li ottiene) o al demerito (di chi non li ottiene). Sempre meno saranno le persone che riusciranno a sopravvivere in questa dialettica di vita in cui domina la speculazione del più forte. Dove l'immagine paga più del contenuto. E questo è anche presente nei rapporti con l'altro da sé. Nei rapporti personali. Ciò che meglio paga è l'immagine animale: un idiota può attrarre più di chi possiede spessori d'intelletto e di spirito.

La femminilità non è forse attratta dai maschi alfa? E l'uomo non segue la stessa linea? Si ha un bel dire anche sui nobili sentimenti, a mandare avanti il sistema sociale è l'attrattiva animale, e sempre lo sarà. Comunque sia, occorre sapersi sganciare dal passato quando questo perde dinamicità dialettica. Occorre dare vita a una nuova umanità. Un'umanità che abbia la freschezza di un fanciullo che riesce, malgrado tutto, a stupirsi delle cose semplici eppure importanti. Quelle cose che appartengono alla nostra dimensione umana, di esseri pensanti e senzienti. Dovremmo essere capaci, come fanciulli, di lasciarci andare alle nuove sfide, senza pregiudicare qualcosa semplicemente perché è nuovo, tirando fuori una grinta e una forza tali da far pensare che niente è "im-possibile".

La cosa che pure mi sostiene e mi fa continuare a credere nel mio simile, per quanto dissimile, è che ci sono persone in grado di scendere in profondità dentro di sé, con le quali si può parlare in un linguaggio comune e comprensibile. È possibile conservare questa possibilità di riscatto attraverso un simile ri-conoscimento? Una simile com-prensione? Si ha bisogno di sollevare il capo e incrociare uno sguardo capace di sostenere il nostro. Di non sentirsi perduti.

Continuiamo a distruggere l'intero ecosistema e con il nostro pensiero logico abbiamo capovolto il concetto di "utile". Utile non è più ciò che aiuta l'uomo, ma ciò che lo fagocita: l'eccessiva produzione dell'inutile, che invece funge da introito a classi sociali sempre più ristrette, denota la mancanza di un concreto senso di discernimento nella collettività mondiale. Prevale un gretto egoismo, sia su larga scala sia su un piano ristretto.

La nostra individualità ha smarrito ogni criterio di giusta crescita personale, professionale e capitalista (dove i mezzi di produzione erano sinonimo di occupazione e sviluppo della società), che si trasfigurava su un credo protestante in parte del Nord Europa e su quello cattolico sulle restanti aree europee. Non tutti sanno che siamo tutti profondamente interdipendenti e interconnessi, all'interno di un sistema capitalistico non più reale (concreto), ma finanziario, basato unicamente su un guadagno fine a se stesso. E che invece di produrre, distrugge e crea disoccupazione.

Come possiamo prevenire fenomeni globali come la disoccupazione, la povertà, la sostenibilità? Mai come oggi il nostro ambiente è stato così a rischio: le ricorrenti catastrofi idrogeologiche ne sono una prova tangibile. È necessario vivere e lavorare in sintonia con la natura. Questa idea si deve recuperare e sviluppare, curare nelle sue possibilità applicative. Per l'uomo, a favore dell'uomo e malgrado l'uomo stesso.

Questa per me è una grande sfida e, al contempo, un'incredibile opportunità per noi tutti. Abbiamo bisogno che la coscienza del mondo si svegli a queste problematiche, che si renda sensibile e più consapevole. È importante, vitale direi, guardare il nostro mondo come l'unica casa che abbiamo. E lo è di fatto. Prendere a cuore il nostro benessere e la nostra vita significa valorizzare la natura e le sue abbondanti risorse.

È importante guardare l'intero ecosistema per intervenire con l'azione giusta e nel posto giusto, in funzione di un'unica umanità, quella a cui apparteniamo tutti. Occorre una scienza esatta che sia totalmente dedicata a migliorare la vita, a raffinare lo stile di vita, valorizzando la cultura, l'intelligenza nelle sue molteplici varianti applicative, la creatività che aumenta, cresce, si sviluppa e si espande, malgrado la sempre più difficile condizione di vita in cui si trova a interagire. Se queste cose si rendessero possibili, l'intera umanità avrebbe una possibilità di sopravvivenza realizzandosi nel suo possibile futuro.

Diversamente, le problematiche evidenziate diventerebbero questioni senza rimedio, dove si farebbe possibile (soprattutto in determinate aree geografiche) un quadro scenico disastroso, come la guerra per l'elemento indispensabile all'uomo: l'acqua. L'acqua è fonte di vita. È preziosa energia che sta dietro a ogni processo, che dà il via al movimento e viene trasmessa al momento del concepimento. È energia yin. Quando scende in profondità, durante l'inverno, l'acqua preserva, tesaurizza e conserva. Invece, durante la primavera, quando l'energia sta nascendo, si presenta come forza vitale che va sempre nutrita e conservata.

Quando questa energia è equilibrata, ci rende intraprendenti, volitivi e coraggiosi. Ci spinge in avanti, nella vita, regalandoci una grande forza vitale. È indispensabile e ha eccezionali proprietà terapeutiche. Quando è squilibrata può creare ansia, paura, instabilità, debolezza e stress. L'acqua è il principale componente dell'organismo vivente, riceve e trasmette informazioni ed è suscettibile alle frequenze che generano i cristalli. Masaru Emoto osservò la presenza di una stretta relazione tra le frequenze che venivano trasmesse all'acqua e le forme dei cristalli che, mano a mano, venivano a formarsi.

Da notare dunque che, se i pensieri e le parole positivi rendono armonica l'acqua, così com'è vero il contrario, tenendo presente che il 99% delle molecole che compongono il corpo umano è composto da molecole d'acqua, le conclusioni sono presto tratte: i nostri pensieri e le nostre emozioni influenzano direttamente tutti coloro che ci stanno attorno e che entrano in relazione con noi. L'acqua, energia per il nostro corpo, ha una valenza depurativa. Numerosi sono i cicli con i quali l'acqua lava e depura l'ambiente, pulisce e rigenera sè stessa.

Comprendere nella loro globalità gli scenari della vita e della Terra ci rende più consapevoli dell'importanza di questo elemento per la sopravvivenza e per il benessere psicofisico dell'essere umano. Non sprechiamola. Vivere nella società dei consumi vuol dire valutare attentamente ed essere più responsabili delle risorse che abbiamo a disposizione, e l'acqua è il fondamento di tutte le forme di vita e sta all'inizio e alla fine di ogni ciclo vitale.

È nostro dovere procedere verso un futuro di maggiore consapevolezza, rispettando tutti quei processi che la natura "nostra amica"ci offre, rapportandoci a essa con il massimo rispetto a discapito degli innumerevoli effetti devastanti che avvengono quando invece procediamo all'opposto. È richiesta pertanto un'attenta interpretazione di ciò che ci sta intorno e si richiama al bisogno di non adagiarsi sul pensiero logico, pigro, instillato dall'informazione proveniente dall'industria culturale asservita ai poteri dominanti.

L'economia, la tecnologia e lo sviluppo industriale devono essere considerati e valutati come "mezzi" a disposizione dell'uomo, a esso subordinati, e mai come "fine" (Mario Consoli). Alimentare un bisogno di necessità nella collettività non crea sviluppo e non crea valorizzazione delle risorse, sia produttive sia umane. E, cosa precipua, il paese non troverà mai la possibilità di uscire da uno stato di stagnazione permanente se non attiva le strategie giuste ed eque a beneficio della collettività.

La cultura, la società e l'educazione hanno un ruolo fondamentale nella crescita sociale e in quella personale di ogni cittadino. Anche la scuola è da riprendere quando impone modelli non compatibili con il benessere degli individui, modelli che andrebbero ricreati, ridiscussi sia sul piano didattico sia su quello programmatico. Non credo sia utile uniformarsi a modelli prestabiliti, a mio avviso reprime la propria natura e condanna alla tristezza e all'insoddisfazione. La società dello sviluppo sarà, secondo la mia visione, una società delle intelligenze selezionate, degli impegni responsabili e condivisi e della volontà umana di trovare un proprio spazio di affermazione per accrescere lo sviluppo mondiale.

Anche nei confronti dei soggetti più deboli abbiamo delle profonde responsabilità. Ci si dovrebbe attivare con progetti di responsabilità civile, restando sensibili ai bisogni di quanti trovano difficoltà a esternare quelle potenzialità che pure ci sono e che avrebbero bisogno, per concretizzarsi, di un canale alternativo. Occorre aiutare queste persone nel proprio percorso di crescita, non certo additarle come inadatte. Al contrario, occorre inserirle in strutture efficienti e, mediante strategie nuove e alternative, far emergere il meglio che è in loro. Quel meglio che spesso risulta inespresso perché, appunto, nessuna politica, nessuna azione civile ne ha favorito i possibili percorsi allo scopo di incrementare in questi cittadini il fattore "autostima", in altri termini la realizzazione personale.

Noi tutti, insegnanti, educatori, genitori, professionisti, manager, formatori, coach, imprenditori, politici, filosofi, sociologi, religiosi e così via abbiamo il dovere di educare alla vita, educare all'emotività, all'educazione finanziaria, intesa nei suoi molteplici aspetti, educare a una conoscenza globale, quanto più possibile, per formare veri cittadini. Persone non dipendenti le une dalle altre, ma autonome e responsabili, con un nutrito supporto di coscienza critica.

La conoscenza è potere e la società, per risollevarsi dalla crisi esistente, deve investire nella cultura e in tutti i suoi aspetti, inclusa l'educazione finanziaria. La scrittura è fonte di potere nella società moderna (lo è sempre stata) perché «tramite la scrittura è possibile trasmettere meglio la conoscenza, più rapidamente e più lontano» (Jared Diamond).
La conoscenza è un bricolage, e le forme della conoscenza non si esauriscono nella scienza, si estendono a ogni manifestazione culturale. L'unico ostacolo alla conoscenza è «l'arroganza

intellettuale degli allucinati di ogni sorta che vogliono imporre le loro convinzioni all'umanità» (Marc Augé), rendendo sottomessi all'autorità di turno gli individui che, costretti per necessità, si assoggettano a regole non sentite, dove l'adeguamento non è partecipativo ma coercitivo, un obbligo da cui non possono prescindere. E qui, il senso di libertà acquista una valenza di mera illusione.

Sappiamo bene che, durante la nostra infanzia, l'immaginazione correva libera e felice, ci rendeva entusiasti per le piccole cose. Crescendo, e ancor più in età adulta, i sogni e i desideri sbiadiscono divenendo effimeri, di breve durata. Sempre più di breve durata, sempre più effimeri. L'immaginazione è lo strumento utile che permette di sperimentare una vita più felice, ricca di piacere e bellezza; permette di liberarci da quella sensazione di inadeguatezza che soffoca la realtà in cui siamo immersi. L'immaginazione ci fa intraprendere un viaggio alla scoperta di un cambiamento. Dove l'idea del viaggio è più forte del viaggio stesso.

Per vivere bene e in armonia con se stessi e con il mondo di cui facciamo parte, bisogna saper osare. Dobbiamo avere il coraggio di guardare il mondo oltre quei confini che si rapportano alla figurata linea di un orizzonte che continuamente si allontana. Apprezzare il mondo con uno sguardo volto alla meraviglia. Volto allo stupore.

Esplorare nuovi mondi sconosciuti comporterà certamente degli sbagli, ma non importa. Anche gli errori aiutano a crescere, anzi, sono soprattutto gli errori che ci portano a cambiare direzione, perché ciò che conta veramente è non smettere di credere in se stessi. Non smettere di credere nella propria autenticità, in quel senso di libertà che, seppur affievolito dagli eventi, perdura in ognuno come scintilla vitalistica. E ben vengano i doveri e le responsabilità. Con la giusta carica si affronteranno. E, sotto l'impeto di questa egida, noi medesimi faremo in modo che i nostri diritti siano adeguatamente tutelati.

La tristezza, la sofferenza, la paura, la rabbia sono stati d'animo negativi che impediscono il normale sviluppo evolutivo e di vivere una vita piena di magia. Anche a te, mio lettore ideale, sarà capitato di sperimentare queste emozioni. Fanno parte di noi e, se non controllate, frantumano l'anima. La perdita degli affetti più cari sviluppa un sentimento di mancanza e inadeguatezza. Sviluppa il senso della perdita che ha una valenza ancestrale, atavica. Ma non si perde qualcuno solo con la sua sparizione fisica, dentro lo si può perdere anche prima.

La rabbia accumulata per le ingiustizie subite genera infelicità, insoddisfazione, scarsa autostima. L'angoscia arriva quando un amore non è corrisposto. Sono sentimenti che alienano l'essere umano, rendendolo fragile e debole, ma è vietato lamentarsi. Vietato morire! Si deve sempre trovare la forza di andare avanti. Scegliere che sia l'**amore** a dissolvere le emozioni. Le decisioni impregnate, intrise d'amore cambiano il tuo destino.

Le emozioni sono illusioni, stati d'animo temporanei, lascia che siano assorbite nell'amore; vederle nella giusta prospettiva, accettarle e padroneggiarle come strumenti, ti permetterà di vivere la vita dei tuoi sogni. Se un'emozione è positiva, conservala, rafforzala; se invece è negativa e ti danneggia, lasciala andare, impara ciò che ti sta insegnando. Impara ad abbassare il volume dell'angoscia e ad abbracciare di nuovo la vita.

Conoscere, accettare e lasciare andare queste emozioni permette di dare spazio a nuovi sentimenti: calma, pace, equilibrio, gioia, fiducia, amore ecc. Essere consapevoli delle proprie emozioni significa, prima di tutto, riconoscerle, non reprimerle ma accettarle, solo così potremo andare oltre le nostre stesse aspettative, sentirci felici e appagati. Imparare a osservare le proprie emozioni non è semplice, ma iniziare con un primo passo può aiutarti a comprendere quanto sia bella la serenità, la gioia di esistere.

Perciò fidiamoci delle nostre intuizioni, facciamo esperienza diretta delle cose, impariamo a sperimentare e utilizziamo le emozioni come strumenti utili per conoscerci meglio. Non sabotare la fiducia in te stesso, non scegliere di dipendere da qualcun altro e non cedere alla rabbia o al risentimento, perché ciò ti toglie potere.

Devi agire, esplorare, sperimentare in modo continuo e permanente. Quando guardiamo verso l'ignoto senza averne paura, proviamo una sensazione di piacere e ne restiamo affascinati, gettando le basi di un possibile progetto di vita a ragione di un'intuizione che spiana la strada ai nostri desideri. Ma cosa sarà mai questa intuizione?

L'intuizione è il rapporto che nasce tra il soggetto conoscente e l'oggetto conoscibile senza la mediazione della ragione. E, in termini filosofici, si esprime con l'accezione sassone "Dasain", che significa predisporsi alla ricezione. Molto spesso restiamo intrappolati in un mondo che non ci appartiene, le emozioni prendono il sopravvento e siamo coinvolti in eventi o situazioni che non ci soddisfano. Sai perché, mio caro lettore? Perché non sappiamo veramente cosa vogliamo e cosa sia importante per la nostra felicità.

Restiamo pertanto intrappolati in una gabbia dorata che abbiamo costruito da noi e su di noi, come modello di tendenza sociale da seguire, un modello che poteva andar bene per i nostri nonni, ma che oggi per noi non è più valido. Oggi che viviamo in una società in continua evoluzione, innovativa e globale. Acquisendo consapevolezza, strada facendo, sentiamo il bisogno di cambiare le regole di un gioco che non ci piace, vogliamo cambiare il ruolo di spettatore e diventare registi della nostra vita. Restare dipendenti emotivamente da altri è anche la causa dei nostri mali.

Conoscere gli ostacoli che turbano e invadono come tempeste la tua vita, ti permette, caro lettore, di imparare a rimuovere gli ostacoli che limitano il tuo potenziale e raggiungere nuovi risultati come professionista e come persona. Ritengo importante che tu conosca gli otto ostacoli che interferiscono nella realizzazione della tua felicità.

Sono il frutto di conoscenze acquisite dai giganti della formazione; in particolare ho appreso il Metodo Metafisico di Igor Sibaldi, in cui vengono elencati gli stati emotivi negativi che ci tengono intrappolati nell'agire sempre allo stesso modo:

1. *la paura*, che s'insedia soprattutto quando ci è richiesto di uscire dalla nostra zona di comfort;
2. *la rabbia*, che spesso deriva da un senso di insoddisfazione;
3. *il rancore*, che corrisponde alla rabbia di cui non ci siamo liberati;
4. *il rimpianto* per non aver ancora raggiunto ciò che vorremmo e potremmo ottenere;
5. *il rimorso* per gli errori commessi in passato o per quelli

commessi in itinere;
6. *il senso di colpa*, che nasce quando pensiamo di essere sbagliati;
7. *l'ignoranza*, che si manifesta quando ci rifiutiamo di sapere o fingiamo di non sapere;
8. *identificarsi nei problemi*, quando arriviamo a credere di essere noi stessi il problema.

Mi sento di condividere con te gli otto ostacoli perché la conoscenza di queste emozioni possa aiutarti a dirigere meglio la tua vita, ad assumerne il controllo. È importante sapere che le emozioni lavorano insieme come gli strumenti di un'orchestra e agiscono per creare armonia. Sappi che sei tu l'artefice del tuo destino nel momento in cui scegli di alzare o abbassare la leva delle tue vibrazioni e scegli di vivere un'emozione negativa o, viceversa, positiva di fiducia, amorevolezza, gentilezza e creatività. Le emozioni sono tutte potenti, ma la più potente è l'amore che le contiene tutte. L'amore ci fa sentire liberi dalla paura, ci rende vivi, vibranti. È energia allo stato puro, ci nutre meglio di qualsiasi altro cibo al mondo, ci fa superare le avversità, ci guarisce e vivifica tutto ciò che tocca, ci dà la forza del perdono e della compassione.

Voglio offrirti un semplice percorso da seguire per comprendere meglio i tuoi stati d'animo e dirigerti verso il tuo obiettivo. Inizia il tuo percorso chiedendoti:
1. Che cosa voglio?
2. Che cosa sento di realizzare?
3. Quale bisogno soddisfa?
4. A chi può giovare?

Se tu, caro lettore, volessi approfondire la tua ricerca con te stesso, se sei in cerca di certezze o verità che non ti sono ancora chiare, puoi fare affidamento sul mio aiuto, perché puoi cambiare il tuo percorso, realizzare il sogno della tua vita. Così come ho fatto io. Quando si accende in te il desiderio e vuoi imparare a volare, fa' come il gabbiano Jonathan di Richard Bach, allenati a planare e vola a bassa quota. Anche se deriso e umiliato dallo stormo, pur vivendo esule e solo, il gabbiano della storia imparò a sue spese a librarsi nel cielo con le «ali di falco», superando i limiti che lo bloccavano. Imparò a non essere prigioniero né di se stesso, né di quello che i pensieri altrui gli attribuivano e che nulla c'entravano, di fatto, con la sua vita.

È importante, caro lettore, potenziare i tuoi saperi, in quanto nella conoscenza risiede il potere di saper decidere, di saper operare con cognizione di causa, con responsabilità e con la padronanza delle competenze acquisite. Quando ti accingi ad andare verso l'ignoto, in questo deserto della scoperta, devi ruotare di 360 gradi su te stesso, con metodo scientifico. Sull'esempio del premio Nobel Rita Levi Montalcini che, nella sua ricerca, ha impiegato costanza, serietà, impegno e quella potenzialità geniale che le apparteneva. E tu, mio lettore (e quanti come te), perché dovresti sentirti da meno? Lei, la Levi Montalcini, era sola nel suo deserto e l'ha saputo esplorare al meglio. «Ti viene voglia di scappare, ma noi invece dobbiamo avere il coraggio di restare» (Elena Cattaneo).

Quante volte succede questo? Rarissime volte. Con la conoscenza e l'azione affini la tua ricerca; puoi anche sbagliare, ma seguendo la tua intuizione applichi i dati della ricerca, verifichi e raggiungi gli esiti sperati; dopo diverse ipotesi di sperimentazione giungerai ai postulati formulati in premessa. Devi lavorare sodo e affrontare dubbi e timori che spesso nascondono il tuo potenziale; solo allora, *step by step* riceverai la piena consapevolezza e il desiderato. Ebbene, la conoscenza ci permette di salire sulle spalle dei giganti e di affacciarci su nuovi orizzonti da esplorare.

Durante il mio viaggio, intrapreso con coraggio e determinazione, sono approdata lungo diverse coste e ho scoperto dei nuovi mondi. Questo ha potenziato i miei saperi e le mie competenze. Ho scoperto con interesse che non bastano le competenze tecniche per ottenere risultati, occorre di più. Occorre giocare sulla propria motivazione intrinseca, che è la chiave che ti permette di ottenere i risultati che sono già in te. Allenati ogni giorno, senza tregua, senza temere la fatica e senza risparmiarti. Ricordati che "chi vuoi essere" è solo un'idea, una convinzione che, una volta pensata, costringe la tua mente a farla diventare vera. Quest'idea fa la differenza tra il fallimento e il successo. Tra quello che puoi realizzare e quello che credi di non poter fare. Decidi ciò che vuoi essere. Sii determinato e supera tutti gli ostacoli.

La motivazione è il motore che spinge l'individuo all'azione per raggiungere determinati obiettivi. È un processo che si mette in atto quando il voler realizzare qualcosa non è sufficiente e nel raggiungimento dell'obiettivo è richiesta la capacità di persistenza, anche attraverso gli ostacoli (come si è ripetuto più volte), la caparbietà di andare avanti nonostante gli impedimenti.

Nel *team working*, nel *cooperative learning*, è importantissimo conoscere le motivazioni profonde che stanno alla base di ogni essere umano per orientare la persona con cui si interagisce a cercare il meglio in se stessa e per se stessa, a non disperdere quelle energie necessarie che fanno mantenere la rotta desiderata; saper gestire le nostre emozioni, gli stati d'animo che ci muovono e muovono chi lavora con noi, è determinante per il successo di un'organizzazione che si occupa di risorse umane.

Nella gestione delle emozioni e dei conflitti è insita la chiave del successo, dell'armonia e del talento creativo. Dunque, fare tesoro di questo segreto (che, di fatto, a saperlo leggere è un libro aperto) permetterà a ogni individuo di orientare la sua vita, e di riflesso la vita degli altri, al meglio. Nel lavoro che svolgi, siicoach di te stesso, sii autonomo, propositivo, collaborativo e partecipativo. *Mai competitivo.*

Non permettere ad altri di decidere per te. Valuta te stesso in modo realistico e onesto. Chi è in grado di valutare se stesso in modo franco è in grado di valutare obiettivamente anche l'organizzazione affidata al suo controllo, nella professione e nella vita. Segui la tua intuizione e il tuo cuore. Procedi in sicurezza nella tua scoperta di te stesso e di quanto ti circonda; nonostante gli sbagli, e anche grazie a essi, perché l'errore è esperienza.

Trova il coraggio di risolvere i problemi, tenta, ritenta fintanto che ti incammini in un percorso ricco di felicità e soddisfazioni. Trasforma i problemi in opportunità, le difficoltà in successi. Vinci le tue paure. Diventerai più creativo e porterai benessere a te e agli altri. Liberati dai condizionamenti, dai pregiudizi e dalle norme imposte e impara a non giudicare. Ama in modo naturale e autentico. Non aspettare che il tempo divori le tue motivazioni, corri verso la tua libertà, verso la tua felicità e verso un mondo migliore. Ora sai cosa puoi fare. Preparati a dirigere la tua vita nel modo migliore.

RIEPILOGO DEL CAPITOLO 3:

- SEGRETO n. 1: la conoscenza è potere.
- SEGRETO n. 2: usa gli strumenti del sapere nella tua ricerca.
- SEGRETO n. 3: individua gli otto ostacoli che limitano la tua azione e direzione.
- SEGRETO n. 4: la motivazione ti spinge all'azione.
- SEGRETO n. 5: gestisci le tue emozioni che sono strumenti potenti.

Capitolo 4:
La performance strategica

Le aziende che vogliono crescere e prosperare devono iniziare a preoccuparsi del *benessere* delle proprie risorse. La scuola è un'azienda pubblica e la sua missione richiede la combinazione ottimale dei fattori produttivi attraverso l'impiego di efficaci competenze tecnico-manageriali. Quello dell'insegnante sarà pure un mestiere ad alto tasso di vocazione, ma nemmeno il più ispirato dei docenti può fare molta strada senza le attrezzature adeguate ei giusti incentivi professionali.

La rilevazione delle prestazioni, l'individuazione di obiettivi, il ricorso a meccanismi premiali è molto limitata nel campo dell'istruzione, non ancora equiparata a livello europeo. Nella scuola di oggi, il principio di responsabilità ha sostituito il concetto di adempimento e, nonostante ciò, molti docenti continuano a insegnare seguendo modelli tradizionali, facendosi carico del sapere imposto e delle enormi responsabilità che gli sono proprie. Al giorno d'oggi, alla scuola, agenzia educativa per eccellenza, è richiesto ben altro. Essa non è più trasmettitrice di sapere, è molto di più. Dobbiamo avere il coraggio di svegliare la nostra coscienza e preparare la nuova generazione alla vita in modo trasversale e globale.

Per accrescere quel valore che le è proprio, la scuola studia il presente, analizza la situazione socio-culturale ed economica e, con i suoi lavoratori, direttamente coinvolti, immagina il futuro a seconda delle esigenze espresse direttamente o rilevate in fase di analisi, ed elabora piani di innovazione e sviluppo, reali e tangibili. In questo contesto, il personale coinvolto, consulenti e trainer, interni o esterni all'istituzione, necessari e di supporto, cerca di mettere in atto strategie strutturali e alternative di approccio alle situazioni nuove e alla gestione delle persone, che costituiscono il patrimonio di competenza organizzativa.

Il rapporto che la scuola instaura con l'azienda, oggi, è personalizzato perché tarato sulle specifiche esigenze aziendali e professionali; duraturo, poiché prevede, laddove necessario, una verifica continua del percorso intrapreso per risolvere eventuali problemi emergenti o, al contrario, consolidare i risultati ottenuti. Riconoscere il giusto valore all'imprenditorialità, alle condizioni socio-economiche e all'evoluzione dell'impresa permetterebbe di sciogliere quei nodi di carattere empirico che sono rimasti irrisolti e arginati per troppo tempo e che potrebbero, in egual misura, essere superati, superando quella crisi tanto discussa che potrebbe definirsi l'anticamera di un ulteriore passo verso il cambiamento.

Con la nascita dell'impresa formativa si potrebbero attivare quei processi di innovazione e di sviluppo radicati nel "learning by doing" e nel "learning by using", importanti per tutti e soprattutto per le nuove generazioni che vogliono investire nel proprio futuro e soprattutto in un'impresa formativa. Mi riferisco a una cultura d'impresa dotata di equi-finalità a *sistema aperto*, che raggiunge l'equilibrio tra più opportunità ricorrendo a percorsi alternativi, a differenza del *sistema chiuso* che tende invece all'equilibrio attraverso un percorso obbligato.

La riqualificazione delle informazioni e il miglioramento delle procedure di un'impresa passano attraverso un'*apertura cognitiva* all'esterno che implica anche un processo di riallocazione del fattore produttivo. Si tratta di fattori che hanno messo in atto meccanismi autoregolativi, che possono e devono essere oggetto di valutazione politica. Condividere le informazioni e una cultura comune è di vitale importanza per qualsiasi comunità locale, nazionale ed estera. Inoltre, se divulgate in modo circolare, le informazioni rendono trasparenti i processi e l'affidabilità delle controparti.

Quanto agli operatori, è fondamentale che si arricchiscano di conoscenza preziosa per l'evoluzione personale e professionale, che si facciano garanti di una comune etica culturale e commerciale, condivisa e compartecipata, al fine di snellire le operazioni di scambio e interscambio. Nell'impresa culturale si genera una ricchezza reciproca fondata principalmente sulle figure professionali che, se sono specializzate in un settore, ne accrescono l'efficienza; inoltre, essendo in grado di soddisfare le esigenze più specifiche delle imprese, sono in grado di produrre qualcosa che risulta intangibile a prima vista, ma legato all'efficacia del lavoro umano.

Liberare le "energie" potenzianti che fanno parte di un sistema pubblico o privato significa interpretare in modo positivo un fenomeno che avrà certamente una ricaduta benefica sull'intero assetto organizzativo, perché altrimenti le "energie" andrebbero disperse. La presenza di professionalità e la rete delle connessioni informali possono diventare patrimonio comune delle imprese che fanno parte dello stesso ambito o distretto. Operare in modo integrato consente di mettere in atto un meccanismo cooperativo che fonde gli aspetti della comunità con il mercato, riducendo le insufficienze di quest'ultimo.

È evidente che se più imprese convergono sotto il profilo tecnologico, anche se svolgono attività in aree diverse, con figure imprenditoriali diverse, dall'incontro di queste componenti si può prefigurare un organismo capace di progettare, produrre, commercializzare un bene e/o servizio comune. L'impresa che svolge un ruolo guida che s'interfaccia con le altre sarà anche capace di stabilire rapporti tra imprese autonome e alleate, con rapporti continui, i cui risultati non consistono solo nella flessibilità, ma anche nella capacità di innovare e di realizzare un vantaggio competitivo per il mercato.

Il consulente strategico, o mental coach, è un facilitatore di

cambiamento che guida a sciogliere nodi problematici, aiuta a definire efficaci piani di azione e ad acquisire nuovi apprendimenti al fine di:
- gestire il cambiamento;
- fronteggiare con successo situazioni critiche;
- definire efficaci strategie di sviluppo personale o aziendale;
- riconoscere e modificare comportamenti disfunzionali;
- migliorare l'efficacia nella comunicazione aziendale;
- potenziare la leadership;
- risolvere difficoltà relazionali;
- migliorare la produttività del singolo, del team e dell'azienda;
- potenziare l'efficacia e l'efficienza dei team;
- scegliere i collaboratori e far crescere i talenti;
- facilitare un clima aziendale positivo;
- sviluppare motivazione, energia e creatività.

Bisogna tenere ben presente che in qualsiasi organizzazione scolastica, pubblica o privata, quando prevale l'etica professionale, il buon esempio e il giusto atteggiamento mentale che coinvolge la squadra, si sviluppa la motivazione (intrinseca ed estrinseca), l'entusiasmo e la voglia di far bene pervadono l'intera organizzazione. Non esiste progetto che non possa essere affrontato e/o realizzato con un'alta probabilità di successo. Valorizzando in maniera efficace le risorse umane da una parte, con bisogni e motivazioni personalizzati, e offrendo incentivi economici dall'altra, il risultato è garantito.

Invito tutte le aziende di diversa tipologia di settore a prestare attenzione alle risorse umane, in quanto il benessere individuale e collettivo deve stare alla base di ogni rapporto. Diffondendo la cultura del benessere in azienda, si accresce il livello di performance e la produttività. Bisogna partire prima di tutto da un buon clima positivo che fa aumentare il livello di benessere e di felicità. Queste sono le condizioni necessarie per raggiungere con buona probabilità il successo.

Nel momento in cui decidi di dare il meglio di te stesso e ti orienti all'eccellenza, anche il contesto in cui vivi e operi cambia in modo straordinario. L'*engagement model*, è un modello manageriale, sviluppato e consolidato dalle migliori aziende leader di settore, che l'hanno introdotto nelle loro organizzazioni per coinvolgere al meglio le risorse umane dell'azienda. Il modello proposto, da me sperimentato e applicato in modo naturale lungo il mio cammino personale e professionale, mi ha permesso di applicarlo agli attori (alunni, genitori e personale della scuola) dell'istituzione a cui appartengo, l'Istituto Tecnico Economico "Gioacchino Russo" di Paternò, Catania.

Ogni crescita personale e professionale all'interno di un'impresa deve fare riferimento alle risorse umane che ha al suo interno, stimolarne la creatività, motivarne l'adesione ai valori aziendali, condividere con esse i risultati raggiunti e gli obiettivi futuri da intraprendere. La pianificazione e il lavoro di squadra sono gli ingredienti base per fare evolvere consapevolmente qualsiasi azienda.

Lì dove non ha saputo aiutarmi la società, la famiglia, la scuola ola politica ho tenuto duro, ho ricercato, studiato, applicato e sperimentato continuamente. Avvalendomi della ricerca-azione, ho studiato discipline nuove e mi sono accostata alla lettura di testi fuori dal mio ordinario – di marketing formativo, economia aziendale, comunicazione, fisica quantistica, educazione finanziaria –per cercare di rendere migliore e far progredire anche il contesto in cui interagivo.

Nel progredire e crescere personalmente e professionalmente, ho raggiunto il mio sogno e a te, caro lettore, lo comunico per ispirarti a fare del tuo meglio. Segui il tuo cuore, la tua intuizione perché sanno dove dirigerti; cammina, sperimenta, senza paura e tanto coraggio. Non mollare mai. Accettare la sfida ti fa prendere un impegno con te stesso, ti trasforma quotidianamente, ma una cosa è certa, accresci la fiducia in te stesso, produci notevolmente di più, hai molta più energia da investire, sei più consapevole della tua missione che ti porterà a raggiungere l'eccellenza.

Ogni giorno, incontrerai opportunità o difficoltà. Sarai in preda a delle preoccupazioni e magari non saprai come affrontarle. A tal proposito ti suggerisco di scrivere le tue preoccupazioni. Scrivi anche quelle. Annota i pro e i contro delle opzioni che hai e poi concentrati su quelle che sono davvero importanti per la scelta. L'importante è non lasciare che le insicurezze ti distolgano dal vero potenziale che puoi liberare grazie alle giuste strategie.

Il metodo che ho fatto mio è la consulenza strategica, intesa come consulenza di processo, utile ad affrontare e superare situazioni critiche o di cambiamento in diversi ambiti, da quello lavorativo a quello familiare. Per metterti in condizione di ottenere risultati eccellenti e aumentare la tua soddisfazione emotiva, personale e professionale, è necessario che tu metta in atto un piano di azione e inizi sin da subito il cambiamento orientato al tuo successo.

Dunque, cosa stai aspettando? Prendi la decisione giusta. Tieni bene a mente che la voglia di migliorare cresce con la giusta formazione. Da quando ho deciso di intraprendere la strada del successo e del miglioramento continuo, ho virato la mia direzione focalizzandomi su percorsi di qualità e la mia vita è decisamente cambiata. La scrittura del libro lo dimostra e rivolgo la mia eterna gratitudine a Giacomo Bruno che ha reso possibile questo sogno.

La formazione che ho intrapreso mi ha permesso di essere la donna che sono oggi. Ho superato con tenacia e determinazione la paura del fallimento, che mi ha permesso di imparare una grande lezione dai risultati che non volevo ottenere, così mi sono orientata a trasformare questi risultati in ciò che veramente volevo: accrescere il mio benessere personale, nel lavoro, nella famiglia, nella formazione e nelle mie finanze.

Non è stato un processo di cambiamento facile. Ho dovuto affrontare numerosi ostacoli e all'inizio pensavo spesso di non farcela. Ma la voglia di avere successo era più grande della voglia di fallire e mi sono concentrata con tutte le mie energie su ciò che veramente volevo, tanto da raggiungere il traguardo più velocemente del previsto. Sono partita dalla mia *performance* e dai miei *punti di forza,* che ho esaminato nei singoli dettagli. Sono partita da ciò che sapevo, ma sentivo ardere dentro di me un fuoco, una passione che dovevo indirizzare verso conoscenze nuove e migliori.

È stato così che ho intrapreso il cammino della scrittura del libro. Sentivo il bisogno di trovare qualcosa che mi permettesse dimettermi in gioco, di superare la sfida e di dirigermi verso un nuovo successo. Ero alla ricerca di qualcosa di nuovo e, allo stesso tempo, di straordinario, che non avevo mai fatto. Sentivo di voler continuare a fare formazione ma in modo diverso dall'ordinario, ed è accaduto l'inimmaginabile.

La mia voglia di evolvere è stata grande e, nel momento in cui ho scelto di frequentare, nell' ottobre 2017, il corso come "Autrice bestseller" organizzato da Bruno Editore, si sono presentate infinite opportunità; la legge d'attrazione si è messa in azione e ha funzionato! Ho appreso tanti contenuti nuovi che, sommati alle conoscenze in mio possesso, mi hanno dato il via per incamminarmi in questo nuova avventura che dedico a te, mio caro lettore.

Questo libro nasce, infatti, con l'intento di ispirarti e poterti insegnare a scrivere un libro. Tutti abbiamo una storia da raccontare, può risultare facile o difficile, l'importante è iniziare a scrivere, ma sappi che posso guidarti nel processo di scrittura, meglio se creativa, e soprattutto posso motivarti a non demordere quando si abbassala leva dell'entusiasmo. Per scrivere il libro hai bisogno di tanta buona volontà e di vincere l'inerzia; solo allora puoi iniziare a scrivere il tuo sogno. Inizia con le seguenti azioni:
1. costruisci una mappa che contenga tutti gli argomenti;
2. seleziona gli argomenti e costruisci un'altra mappa che evidenzi i capitoli;
3. dai inizio all'introduzione;

4. inizia a scrivere il 1° capitolo e vai avanti fino a quando non l'avrai completato;
5. dedicati alla stesura dei capitoli successivi;
6. monitora la storia, il viaggio dell'eroe che intreccia tutti i capitoli;
7. scrivi le conclusioni;
8. termina con i ringraziamenti.

Nella stesura del libro ci sono degli accorgimenti importanti che devi tenere presenti per la presentazione del libro all'editore. L'esperienza di scrivere un libro è stata, per me, un'avventura straordinaria, affascinante e illuminante. Di seguito troverai anche altre indicazioni che ti saranno utili qualora decidessi di seguire una formazione specifica per allenare e misurare i tuoi obiettivi e le tue azioni, per cambiare la tua visione e poter realizzare il tuo sogno, cosa che ti auguro con infinito amore.

Le indicazioni sono semplici ma orientative. Se tu volessi maggiori ragguagli in merito alla realizzazione del tuo libro, o ai programmi formativi di crescita personale, ti ricordo che in fondo al capitolo troverai dei link di contatto, che potrai utilizzare al termine della lettura.

Per migliorare le tue competenze personali puoi seguire il Programma di coaching che ti aiuterà a trovare la tua strada, a trasformare le tue paure e le tue convinzioni limitanti in potere, trasformando ciò che vuoi in obiettivi SMART chiari, specifici, realistici e misurabili. Pianificando il tuo sogno nei dettagli, sarai in grado di raggiungere il successo desiderato senza ostacoli.

Sarai guidato, passo dopo passo, in questo processo di trasformazione che ti vedrà impegnato in un percorso annuale con il quale raggiungerai risultati straordinari, approdando a una nuova vita, quella desiderata. Se invece volessi intraprendere dei percorsi di formazione più brevi, puoi orientare i tuoi bisogni frequentando uno dei Programmi sotto indicati.

Il Programma Fenice, si svolgerà in una giornata, full immersion, e punterà a farti raggiungere i seguenti obiettivi O.S.A. per raggiungere una comunicazione efficace:
1. Sostituire i tuoi pensieri limitanti con convinzioni che ti guidino verso la realizzazione piena dei tuoi obiettivi.

2. Utilizzare fin da subito le leve che funzionano meglio su di te per attuare i cambiamenti che finora hai sempre rimandato.
3. Scoprire cosa ti blocca o ti fa rimandare decisioni e cambiamenti importanti.
4. Imparare a potenziare il tuo *peak state*, stato mentale, emotivo e fisico, per trasformare le decisioni in azioni e massimizzare i risultati.
5. Scoprire come modellare le strategie con cui altri prima di te hanno raggiunto i risultati a cui ambisci.
6. Vivere nuove esperienze e sperimentare la capacità di ottenere risultati migliori, che superino le tue aspettative.

Dagli obiettivi, passerai all'azione mettendo in pratica i 7 passi del Metodo Robbins:
1. *Consapevolezza*: definisci i tuoi punti di forza e le aree da migliorare.
2. *Chiarezza*: cosa ami e cosa odi nella vita?
3. *Entusiasmo*: alimentalo sognando senza limiti e annotando qualsiasi cosa tu voglia fare, essere, condividere, avere, dare, imparare, vivere.
4. *Focus*: tra tutti i tuoi obiettivi, quali sono le tue priorità?

5. *Impegno*: quali sono i motivi per cui raggiungerai a tutti i costi ciò che desideri?
6. *Strategia*: verifica la coerenza delle tue azioni con gli obiettivi prefissati.
7. *Momentum*: vivi il tuo presente.

Per migliorare le tue competenze aziendali, puoi seguire invece il Programma "Rapport", full immersion di due giornate, dove sarai in grado di svilupparei seguenti obiettivi O.S.A:
1. atteggiamento mentale positivo;
2. benessere individuale e aziendale;
3. comunicazione e marketing;
4. team working;
5. pianificazione;
6. performance strategica;
7. strategie alternative;
8. public speaking.

Da mental coach ti guiderò e accompagnerò nel tuo percorso e apprenderai:
- come essere costante nel raggiungimento di obiettivi personali;

- come cambiare notevolmente i tuoi pensieri per passare da credenze limitanti a credenze potenzianti;
- come portare a compimento progetti mai realizzati;
- come avere fiducia in te stesso;
- come diventare la miglior versione di te stesso;
- come agire positivamente dinnanzi alle avversità;
- come diventare felice e soddisfatto.

Affidandoti alla mia esperienza, coadiuvata da professionisti d'eccellenza, troverai la soluzione giusta per te, acquisendo maggiore sicurezza, modificando il tuo atteggiamento da un approccio passivo, o addirittura remissivo, a un approccio più sereno ed equilibrato. Abbi fiducia, ti porterò ad assumere il controllo della tua vita, a gestire i tuoi stati d'animo anziché farti gestire da essi.

Adesso tocca a te! Prendi la decisione giusta e dai inizio al tuo cambiamento. Contatta il tuo personal coach. Se sei interessato ad approfondire, passa all'azione. Ti garantisco che migliorerai te stesso, la qualità della tua vita e quella dei tuoi cari. Migliorerà anche la tua produttività e aumenteranno le tue finanze. Credici e basta.

Ti basta un click! Utilizza i link per fissare il tuo appuntamento e sarai ricontattato il prima possibile. Alla tua migliore vita!

https://www.patriziamariaabate.cam.tv/

https://www.facebook.com/patty.abate67

RIEPILOGO DEL CAPITOLO 4:
- SEGRETO n. 1: sii consapevole del cambiamento.
- SEGRETO n. 2: abbi fiducia in te stesso.
- SEGRETO n. 3: prendi la decisione giusta.
- SEGRETO n. 4: migliora la tua performance.
- SEGRETO n.5: approfondisci uno dei programmi suggeriti come acceleratore di cambiamento.

Capitolo 5:
La formazione

Oggi più che mai posso definire la mia sfida conclusa, per la tappa che mi sono prefissata, perché ritengo di aver preso, ancora una volta, un impegno con me stessa e di aver centrato il bersaglio. Scrivere un libro è stata sicuramente una bella sfida.

Mi sono proposta di risvegliare in tempi brevi (mentre la scrittura necessita di ben altri tempi interiori) a un possibile progetto di vita chi, in cuor suo, pensava che una simile "prova" non gli appartenesse più. Se ho raggiunto questo scopo si vedrà con la pubblicazione e il lancio del libro. L'ho fatto perché mi sentivo di farlo per me stessa e per gli altri che hanno intenzione di ispirarsi a questo esempio.

Sono trascorsi ventuno giorni da quando ho iniziato le prime righe e completato la prima bozza. Pure in questo lasso di tempo ho modificato molte vecchie abitudini che prima mi erano d'ostacolo, usando tanta forza di volontà e raggiungendo il compimento del libro con successo. Tante limitazioni che ora scorgo per quello che erano e sono: mere banalità. Cose che si possono ben superare o, semplicemente, relegare nel dimenticatoio; altre che, nella problematicità del loro aspetto, piuttosto che impedirmi di andare avanti, costituiscono ora un pretesto per trarre più forza da me stessa e proseguire la mia nuova direzione.

Quindi, senza mezzi termini, penso di poter dire che ho migliorato il controllo della mia vita, sia nelle piccole cose (che non sono mai piccole), sia in quelle in cui l'impegno deve essere più sentito. Dire di aver vinto una sfida potrebbe sembrare un esempio auto celebrativo, ma un risultato è stato raggiunto e, in cuor mio, ne sono contenta e mi sento entusiasta.

Nella fase preparatoria ero incerta e non sapevo gestire gli impegni di lavoro con la sopraggiunta passione. Poi ho cominciato a pianificare le mie giornate nel dettaglio, per arrivare a realizzare il mio sogno. In questo periodo, al rientro dalle attività lavorative, e libera dagli impegni familiari, mi sono gestita il mio tempo-spazio dedicandomi a ciò che vedevo pari a una sfida.

Se le mie parole saranno terapeutiche o di sprone per qualcuno lo si vedrà, che lo siano state per me, in primis, è una certezza acquisita. L'esigenza di mutare il foglio bianco in pagina scritta mi ha permesso di vivere in uno stato di "grazia", perché nello scrivere ho visto e scoperto il manifestarsi della vita, nelle forme note e in quelle inespresse di un sentimento che difficilmente si lascia concettualizzare, ma cui pure ho tentato di dare voce.

Ci sono riuscita? E in che misura? Questo non lo so. Siano gli altri a dirlo. Come il mio figurato lettore che mi ha accompagnato nel mio procedere, nel mio commentare. Ho provato a esternare le emozioni che prendono una persona quando si accinge a comunicare le proprie esperienze, le proprie ambizioni –che sono da intendersi come costruttivo bisogno di mettersi in discussione, di superarsi, di migliorarsi in senso lato –, lo slancio vitalistico verso un'altra prospettiva. Una prospettiva alternativa, un nuovo angolo d'osservazione.

La mente è plastica nella sua capacità di comprensione, di rivedere situazioni che, erroneamente, si possono dare per scontate. Nulla lo è. Tutto si evolve, anche nel suo apparente immobilismo. Essere resilienti è quanto ho mirato a suggerire e ripetere in vari modi.

Prova a immaginare: chiudi gli occhi per un istante e lasciati cullare da onde metaforiche che fluttuano, come fluttuano i tuoi pensieri: sempre. È la giusta direzione di questo fluttuare che, nel mio tentativo, ho cercato di darti, dandola a me stessa. Liberati dai rumori, da ogni forma di condizionamento e vivi l'esistenza che abbonda di pace, armonia e silenzio. In questo modo, diventi un tutt'uno con l'universo.

Le tue percezioni interne, finora chiuse in cantina – o nel sottosuolo, come diceva Dostoevskij – prendono forma e si concretizzano all'esterno, abitando spazi nuovi. Gli spazi del tuo foglio bianco, che potrai scrivere come desideri, al meglio delle tue possibilità. Credici.

Trai da te e in te le giuste coordinate spazio-temporali, mediante le quali darai forma alla materia del tuo libro. Ognuno di noi ha un libro da tirar fuori, la differenza sta nel coraggio di farlo. Come per magia, i pensieri diventeranno parole, fluiranno dalla tua fonte, allo stesso modo si muoveranno con tanta energia e confluiranno, come inchiostro, a tracciare e colorare gli spazi bianchi del "diario" della nostra vita. Che sensazione straordinaria!

Tu che leggi queste parole, fai tesoro del messaggio implicito ed esplicito, presente nei contenuti e nei suggerimenti proposti. Se vuoi, prendi esempio e ispirazione da quello che riesci a trarne. Se veramente lo vuoi, puoi farlo anche tu. Sappi che inizialmente ho dubitato di me stessa, credevo di non farcela, di non essere capace di trasferire sulla carta quanto di più prezioso c'è dentro di noi. Mi sono dovuta ricredere.

Rispolverando e ripulendo la tua mente da idoli e miti che impastoiano la dinamica della plasticità del pensiero, darai adito al meglio di te. Tutto diventa possibile, basta credere intensamente nelle possibilità del tuo sogno ed essere disposto a realizzarlo con tutte le tue forze. Lo ripeto: il solo desiderio non basta, sono necessarie delle variabili rilevanti: motivazione, costanza e volontà.

A te dedico il frutto del mio sapere e delle ricerche sostenute in questi anni di formazione continua e permanente, perché nella vita bisogna conoscere e sperimentare quanto appreso. La verità si manifesta sotto i nostri occhi accumulando conoscenze che sono racchiuse nella nostra cassetta degli attrezzi. Devi saper osare e tirar fuori questi "attrezzi" al momento giusto e nel posto giusto.

Ognuno di noi ha una storia da raccontare: reale o immaginaria che sia. Una storia che è il risultato di un percepito personale, che ha in sé una forza vitale e creatrice in grado di trasformare finanche le nostre cellule. È una forza densa di passione che percepisce tutto, fa analizzare, sognare e creare al tempo stesso. Questa forza è comprensione, è amore allo stato puro che genera una nuova creatura, un figlio (come lo sei tu Giorgio, figlio mio, amore e dono della vita). Apri i tuoi occhi e cerca cosa ti piace davvero, inseguilo, conquistalo. Vedrai manifestarsi il sogno della tua vita.

Sono cresciuta nella convinzione che "non tutto è possibile". I pregiudizi, le false convinzioni, le bugie raccontate mettono radici nella nostra mente e formano persone ribelli. Durante le mie ricerche, ho messo tutto in dubbio e in questo libro voglio raccontarti alcune delle mie esperienze che hanno cambiato la mia visione a 360 gradi.

Sono partita dal seguente postulato: Dio ha creato tutti gli esseri uguali, non c'è diversità tra noi, tutto è mosso dalla stessa forza vitale. In ognuno risiede questa forza che aspetta di manifestarsi. La scrittura permette di dare forma a questa forza ed ecco che quel copione, che desideri e vuoi che si realizzi sul palcoscenico della tua vita, inizia.

Anche le relazioni che intrattieni rappresentano quei personaggi che tu stesso hai preferito si esibissero al posto di altri, nel gioco della vita. Ti relazioni solo con ciò in cui credi, con ciò che conosci, con ciò che pensi di essere, il che significa che ti relazioni con la tua storia. Ma lo sei davvero? La storia è una tua creazione, che tu ci creda o no, perché ciò che sei è la forza vitale.«Bisogna fare della propria vita come si fa un'opera d'arte», diceva Gabriele D'Annunzio, guardare dove gli uomini comuni non guardano. A tela scelta, sei libero di poterlo fare, scegliendo se essere spettatore o protagonista della tua esistenza.

Gli esseri umani condividono stesso spirito e anima e, quando non si giunge con consapevolezza a comprendere questo sottile e profondo messaggio, è perché si è rimasti radicati nella propria storia come realtà percepita. Essere semplicemente se stessi, autentici, e genuini, permette di essere un'unica cosa con Dio, senza bisogno di ulteriori sforzi.

Siamo tutti interconnessi e proveniamo dalla stessa sorgente divina. La vita è forza che non si vede e tu, caro lettore, la sperimenti ogni giorno, come me. È luce che proviene dall'amore, simile alla luce del sole; sembra diversa perché proietta i riflessi dell'amore come viene percepito da ognuno di noi. Ne vediamo solo gli effetti, il processo è sempre in azione.

Siamo abilissimi a raccontarci tante storie, a lamentarci e a inventare tante scuse, procrastinando i nostri impegni, le responsabilità e soprattutto il nostro benessere personale. La maggior parte delle persone preferisce vivere secondo quei canoni e dogmi che sono stati acquisiti dalla società e dall'educazione, e se li porta dietro come ombre. Si preferisce vivere una realtà che non è affatto gradita, che non piace, avvertendo sempre più il costante bisogno di giustificarne l'esistenza.

Perché giustificarsi? Perché alimentare comportamenti competitivi, ostili e d'invidia persistendo nella sofferenza emotiva che danneggia l'essere umano? Questi atteggiamenti e stati d'animo sono contro producenti sia per le relazioni sia per le attività produttive. Alimentano malessere e tossicosi. Emozioni e stati d'animo che permangono in quegli individui che non hanno approfondito il viaggio di scoperta che conduce dentro di sé.

Tante sono state le menzogne raccontate e fortunatamente non ci hanno distrutto. La vita è un grande mistero, va vissuta e sperimentata. Non abbiamo nessuna colpa, le storie che ci sono state raccontate e che ci raccontiamo, frutto di convinzioni e credenze antiche che ci sono state imposte, hanno alterato la parte più genuina che è parte integrante di noi. A noi la scelta di decidere quale storia credere che sia migliore. Io ho scelto di credere nell'amore, il vero amore che è il sentimento supremo, puro e incondizionato eguagliato alla bellezza divina.

Le conoscenze in nostro possesso sono solo strumenti di comunicazione che teniamo nella nostra "valigia perfetta" e utilizziamo all'occorrenza; così come Picasso usa il colore per dipingere un ritratto, così mi permetto, con la conoscenza, di dipingere il quadro della mia vita in base a ciò che vedo e che sento.

Analizzando questi fatti ed eventi vissuti durante il mio viaggio, ho virato la direzione e ho ri-orientato la mia rotta verso nuovi orizzonti, in cerca di benessere personale e collettivo, facendo pace con un passato che adesso non mi appartiene più e creando un nuovo progetto di vita. Abbi il coraggio di vivere felice, in amore e bontà e questo benessere si espanderà a tutti i livelli, ti farà stare bene con tutto. Se non sei ancora felice, è perché credi ancora oggi alle menzogne dettate dalla paura, il tuo vero nemico.

Credo fermamente che conoscere la verità, nella sua integrità, ci renda liberi. La verità non è nella storia. La verità è il vero "noi", la nostra nuova identità che crea la storia. Questa per me è la chiave della salvezza. Vivere in amore senza menzogne ci consente di vivere una vita meravigliosa, perché il paradiso è già qui, in mezzo a noi, dove cielo e terra si fondono in un tutt'uno.

Mi sento di sensibilizzare le coscienze, e le istituzioni in generale, per progredire insieme verso un nuovo umanesimo che pone al centro dell'attenzione la persona e i suoi bisogni reali e spirituali; proprio nella cultura del benessere si cela la via migliore da seguire che ti dà accesso all'eccellenza nella tua vita personale, sociale e finanziaria.

RIEPILOGO DEL CAPITOLO 5:

- SEGRETO n. 1: con l'alta formazione risvegli il sogno che è assopito dentro di te.
- SEGRETO n. 2: modifica le abitudini limitanti.
- SEGRETO n. 3: la differenza che farai è nel coraggio che mostrerai.
- SEGRETO n. 4: il solo desiderio non basta, sono necessari costanza e volontà.
- SEGRETO n. 5: approda a nuove conoscenze e usa la tua cassetta degli attrezzi.

Capitolo 6:
Il culto del bello e del benessere

Secondo il dizionario Treccani, prendendo in considerazione l'etimologia del termine, l'*esteta* è colui che "sente", che "percepisce". Nell'arte, invece, l'accezione afferma il concetto del bello come valore intellettivo e di gusto. Il culto del bello come trasfigurazione di un sentire superiore.

La retorica dannunziana può lasciare il tempo che trova nella reale applicazione ma, se questo esempio letterario può giovare, ti sia utile la metafora di una vita vissuta in una fiamma che brucia da entrambi le parti, tale la sua potenza d'affermazione! Sento di fare un salto nel passato per conoscere le diverse interpretazioni di pensiero e cogliere analogie e differenze di un sentito e percepito "ieri" per confrontarlo con l'epoca attuale.

Kant chiama "estetico" il problema centrale della critica del giudizio, il giudizio di gusto, e nella prefazione alla *Critica del giudizio* definisce estetico il giudizio che riguarda il bello, il sublime della natura e dell'arte. È evidente che il termine resta legato al significato etimologico originario: percepisco con i sensi, sento. Egli applica il termine estetico anche alla sfera della conoscenza trascendentale che studia le forme a priori (spazio e tempo) dell'intuizione sensibile.

Nell'antica Grecia la bellezza aveva un canone ben specifico a cui rapportarsi. Per il genere femminile era rappresentato dall'*Afrodite Cnidia* di Prassitele (canone delle perfette fattezze umane femminili), mentre il *Doriforo* (portatore di frecce) di Policleto lo era per il genere maschile. Ma la bellezza non è nella perfezione ideale (presente solo nell'Iperuranio platonico), ma in quella particolarità che rende ogni essere vivente unico.

Infatti non è dalla bellezza che siamo attratti, ma dall'imperfezione. E l'imperfezione, nella sua specifica particolarità, è meravigliosa. Essa ci viene tramandata da poeti come Omero, Esiodo e i presocratici. In essi troviamo rappresentata la bellezza nella sua particolarità, in quell'imperfezione di cui anche il divino si riveste quando scende nel mondo sensibile (umano). Il culto del bello è un modus vivendi che contestualizza la diversità degli stili di vita, così come viene descritta da autori, poeti, filosofi e scienziati. Riflettendo sull'estetismo, tra fine '800 e '900, quello che mi suggerisce l'epoca è l'esempio dannunziano, che vede nella sensualità e nell'erotismo il mezzo per attingere la vita profonda e segreta dell'Io. Egli cerca una fusione dei sensi e dell'animo con le forze della vita, accogliendo in sé l'esistenza della natura con adesione fisica, ancor prima che spirituale.

È questo il "panismo dannunziano", quel sentimento di unione con il tutto che ritroviamo in tutte le poesie più belle, in cui riesce a aderire con tutti i sensi e con tutta la sua vitalità alla natura, s'immerge in essa, si confonde con essa. Egli fa della raffinatezza e dell'eleganza un obiettivo di vita, ne sono testimonianza le vicende dei protagonisti dei suoi romanzi.

In questo contesto, l'estetismo, più che una formulazione teorica, diventa un vero e proprio stile di vita. Quando si parla di un movimento culturale – in questo caso trattiamo l'estetismo – se ne analizzano le caratteristiche peculiari nel campo della cultura senza dimenticare il contesto storico-culturale, sociale, filosofico, scientifico e tecnologico nel quale questo movimento si sviluppa e si esprime.

Ad esempio, in Dewey, "estetico" è tradotto in termini più naturalistici che pragmatici: è il momento "intuitivo" che si incontra in ogni esperienza e che può essere tematizzato attraverso la produzione di oggetti "percepibili come beni immediati". Gli autori contemporanei si richiamano a un senso "estetico" più critico, perché la valenza risulta in crisi rispetto al passato, nel senso che ne sottolineano gli elementi di precarietà, di finitezza. Forme espressive che caratterizzano l'esperienza della bellezza, e dell'arte in genere, come strettamente connessa al tessuto sociale dell'immagine.

L'idea del bello, l'idea dell'eleganza, viene mostrata anche in campo scientifico, infatti nelle teorie di Maxwell e Einstein l'aspetto estetico viene espresso *nel metodo* e nella *sperimentazione*. L'eleganza che questi scienziati cercano è espediente euristico, impegno ontologico, criterio di scelta teorica, elemento di stile e metodo come fonte di soddisfazione intellettuale e come indicatore della razionalità e dell'intelligibilità del mondo.

Anche gli scienziati dunque hanno reso onore al "principio di eleganza" associandolo a semplicità e armonia, ordine e unità, che risponde ai criteri di simmetria e armonia rappresentati in geometria o matematica. Lo stadio estetico è proposto, dunque, come modello di vita che consente all'individuo nuovo di liberarsi dai suoi limiti e catene e diventare spirito libero.

Nello Zarathustra nietzschiano, ad esempio, coincide con l'"oltre-uomo" e la sua prima caratteristica è la "volontà di potenza", grazie alla quale egli diviene ciò che è e si differenzia dagli altri realizzando la sua unicità. Famosa la sua massima :«Io voglio». Da questo motto, caro lettore, proseguo il mio viaggio metaforico verso il bello e il suo contrario non meno "bello", e voglio approdare al *benessere* come progetto di vita, nelle sue svariate forme: fisico, culturale, mentale, spirituale, socio-relazionale, scientifico, tecnologico e finanziario.

Senza alcun dubbio il bello è la ricerca piacevole dei sensi, del vero, del buono, corrispondente all'utile, allo scopo, all'idea, al divino e alla sua manifestazione. A mio giudizio, la bellezza è perfetta identità dello spirito. La bellezza risiede nella conoscenza che riluce all'interno e all'esterno, in forme svariate. Il mondo intero è dunque fatto di conoscenza, e la grandezza sta nel saperla cogliere.

Ogni giorno siamo chiamati a sostenere delle gare, facili o difficili che siano, e dobbiamo riuscire al meglio, superarle. La via da seguire viene suggerita dalla nostra conoscenza che deve essere allineata al nostro cuore, alla nostra intuizione, che difficilmente sbaglia. E quand'anche sbagliasse, va bene lo stesso.

Per superare questi ostacoli, ho accettato di sfidare ulteriormente me stessa, ho sentito il bisogno, seguendo la mia intuizione, di fare un'inversione di marcia e orientare la mia vita verso nuovi porti, approdando così a un nuovo sapere e a nuovi stati d'animo, certamente più proficui e benefici. Sono partita con il potenziare le mie competenze nell'ottica di un benessere individuale e organizzativo, lavorando sull'intelligenza emotiva che è determinante per il benessere psicologico della persona. Per intelligenza emotiva si intende la valutazione, la regolazione e l'utilizzazione delle emozioni. È un set di abilità cognitive con cui ci si abilita a percepire, utilizzare, comprendere e gestire le emozioni per far fronte ai problemi di ogni genere.

Saper gestire gli stati d'animo è fondamentale per la resa migliore della nostra performance. Benessere è dunque uno stile di vita che migliora notevolmente la qualità della vita stessa. Ognuno di noi ha un super eroe che gli suggerisce la strada più idonea da seguire. La via non è mai la stessa, e ricercare le strategie più adeguate, o alternative, permette di poter vivere un'esistenza davvero straordinaria.

Solitamente viviamo secondo credenze e preconcetti che non sempre alimentano benessere. È di vitale importanza prendere consapevolezza di questa realtà che non viene insegnata, soprattutto nel mondo della scuola. Agire per "tentativi ed errori" *e non sapere* non è sufficiente per rivitalizzare l'esistenza, impregnata di mediocrità. Che fare dunque?

Bisogna andare alla ricerca dell'eccellenza. Anche Dante ha

puntato al grande per arrivare in alto, come il Paradiso o la Candida Rosa. Puntare in alto significa, per me e per te, caro lettore, avere uno scopo e una grande motivazione che spinge ad agire. Raggiungere l'eccellenza nell'affrontare le imprese giornaliere, l'essermi prodigata nel frequentare una formazione di alta qualità, aver intessuto rapporti relazionali con amici e colleghi di grande professionalità mi ha permesso di migliorare il mio stile di vita e soprattutto ne ha migliorato la qualità, facendo di me una persona del tutto nuova e felice per aver raggiunto quanto desiderato durante il gran "tour" organizzato.

Prendendo consapevolezza dei propri limiti, si parte per un'avventura che, se ben pianificata, porta a destinazione facendo apprezzare ogni singolo momento del viaggio, vissuto nel qui e ora. Purtroppo siamo soliti considerare le imprese "nuove" come impossibili o irraggiungibili ma, agendo con costanza, con forte impegno e volontà, rimanendo fedeli e focalizzati allo scopo, alla fine diventano solo prove superate.

Mi sento di condividere con te quanto appreso durante il mio viaggio, elencando le fasi che hanno avuto maggiore incidenza

sulla mia scelta, permettendomi di sfidare me stessa oltre ogni limite:
1. conoscenza;
2. ricerca;
3. esperienza;
4. stati d'animo-emozioni;
5. comunicazione e marketing;
6. motivazione;
7. decisione;
8. azione;
9. verifica;
10. risultato.

Nel delineare i grandi ostacoli che si presentano nella vita, anche in modo ricorrente, spero di cuore di essere riuscita nel mio intento e di avere comunicato in modo chiaro e persuasivo. La comunicazione è uno dei fattori che influenzano la relazione personale e interpersonale. Il linguaggio che usiamo ha la sua influenza e fa la differenza; se viene utilizzato in modo appropriato, avvalora il senso del nostro discorso e permette di raggiungere il meglio di se stessi ottenendo il meglio dagli altri.

Sfruttare al massimo il proprio potenziale talento significa dapprima approcciarsi alla conoscenza come un turista che è capace di pianificare il suo viaggio, portando con sé la sua "valigia perfetta" dalla quale attinge gli strumenti e le conoscenze necessarie per rendere possibile anche l'impossibile.

Con la realizzazione del libro, spero di aver contribuito non solo al mio benessere personale ma anche al tuo, perché sono convinta che il miglioramento individuale sia alla base anche della produttività personale e professionale. Attraverso la lettura del libro, avrai ottenuto strumenti pratici che ti sono stati offerti per procedere più spedito nel tuo viaggio e potertene avvalere alla bisogna.

Anche la tecnica delle "active questions", obiettivi reali e tangibili, ti aiuterà a fare della tua vita un'opera d'arte e a raggiungere maggiore produttività ed efficienza in tutti i contesti della vita:
- Partire dal cambiamento interiore per uscire dal circolo vizioso della mediocrità e attivare un circolo virtuoso che coinvolga il gruppo dei pari.

- Accettare la sfida in quanto la vera sfida è verso se stessi.
- Superare la concezione riduttiva di limite personale.
- Creare un ambiente di lavoro che preservi il talento e offra stimoli per raggiungere l'eccellenza.

In questo quadro, spero di essere riuscita a suscitare in te profonde riflessioni e ad accompagnarti verso il cambiamento. Mi auguro di aver centrato il tuo cuore, accresciuto il tuo sapere e stimolato le competenze che sono in te. Questo perché tu abbia un maggiore controllo sulla tua vita, perché tu possa raggiungere quelle vette che non ti sono escluse. Ma che tu stesso puoi escluderti, se perdi la fiducia nelle possibilità che hai. E, queste, sono davvero tante.

Ti saluto e dedico a te questa poesia scritta durante la stesura del mio libro. i pensieri fluivano come acqua di sorgente e le parole scelte per te, mio caro lettore, sono state scelte con cura e sono quelle che ha ispirato il mio cammino di scrittrice.

A Te

A Te dico
segui il fiume.

La tua vita è come un fiume
insegui, rincorri e raggiungi
il tuo sogno.
Sei nato per vivere e manifestarlo.
Pensa positivo, decidi e agisci.
Inizia oggi il tuo primo passo verso il cambiamento.
Ti troverai davanti al dubbio e all'incertezza.
Tremerai.
Ti sentirai travolto dagli eventi e
ti sembrerà di non averne il controllo.
Piangerai.
Riderai.
Non mollare mai.
Persisti.
Pazienta.
Accetta.
Perdona.

Ama.

Abbi fiducia in te stesso.
Le tue conoscenze sono un "mezzo"
per ricercare la verità.
Usa i tuoi saperi.
Cammina, cammina, cammina
non mollare mai...
Comprenderai
la tua vera missione
di vita.
A Te.
Al tuo talento.
Alla tua vita migliore.

                                                  Con tutto il mio amore

RIEPILOGO DEL CAPITOLO 6:

- SEGRETO n. 1: Risveglia il sogno che è assopito dentro di te.
- SEGRETO n. 2: Sfida te stesso e scrivi la tua storia.
- SEGRETO n. 3: Abbi fiducia in te stesso e tutto diventa possibile.
- SEGRETO n. 4: Mostra costanza e volontà.
- SEGRETO n. 5: Sei tu che crei il tuo destino.

Conclusione

A spingermi a scrivere questo testo è stata la seguente considerazione. Nel XVIII secolo, l'Illuminismo apriva un periodo in cui la ragione era la base di ogni ricerca, sia in campo scientifico sia in campo pedagogico. Era il comune denominatore di ogni azione volta alla crescita sociale, sotto l'aspetto culturale ed economico. Il senso dell'utile si traduceva in concretezza e beneficio per la collettività.

I nomi più rappresentativi del periodo, con le loro opere, hanno attestato il principio dell'intelletto sopra ogni dogma: da Condorcet a Rousseau, da Voltaire a Kant così via. Oggi il concetto di "utile" si è ribaltato. L'utile di oggi si rapporta a un interesse sempre più ristretto a scapito della maggioranza che, invece, da questo "nuovo illuminismo" (così l'ha definito, nella prima metà del XX secolo, la Scuola di Francoforte) viene alienata da se stessa, strumentalizzata e "guidata" nel gusto.

Nella nostra attualità l'uomo manca, in linea di massima, di un senso critico atto a fargli discernere cosa realmente gli possa giovare da ciò che gli viene imposto da un mercato che ha stravolto i vecchi parametri in cui, pur crescendo, faceva crescere il contesto in cui operava. La fragilità delle persone aumenta, mentre si sviluppa sempre più una marcata inibizione di capacità resiliente, di forza vitalistica in grado di contrastare i meccanismi di un pragmatismo, di una tecnica che le annulla nella propria individualità. Riportare il pragmatismo e la tecnologia a essere supporti per l'uomo, e non entità che lo stravolgono, è stata la spinta che mi ha fatto accostare a questo tentativo di scrittura.

Perché considero importante questa mia prova lo dico nelle righe che seguono. Il padre della psicanalisi, Freud, ci ha spiegato e dimostrato che l'Io non è padrone in casa propria perché, accanto alla soggettività che gli riconosciamo, siamo abitati da un'altra soggettività, quella della specie, che per un certo periodo della nostra esistenza ci fornisce sessualità per la procreazione e aggressività per la difesa della prole.

Questa soggettività è inconscia, non le prestiamo la minima

attenzione, probabilmente per non essere mortificati dall'idea di essere semplici funzionari della specie. Specie da cui dipende la causale della nostra nascita e della nostra morte, cui la specie stessa ci destina perché, nella sua crudeltà innocente, necessita di nuovi individui in grado di procreare. Ma questo lo dice, con altre parole, anche il grande Arthur Schopenhauer ne *Il mondo come volontà e rappresentazione*: «Il soggetto del gran sogno della vita è in un certo senso uno solo: la volontà di vivere».

Oggi però, come ho detto sopra, il nostro Io è assediato da un altro inconscio: a quello pulsionale, governato dalle esigenze della specie, se n'è aggiunto uno che potremmo chiamare pragmatico o tecnologico, con riferimento alla razionalità della tecnica e della prassi operativa che prevedono il conseguimento del massimo degli scopi con il minimo impiego di mezzi. Tutto ciò che esce da questi schemi per la nuova tecnica è irrazionale.

Ecco perché insisto sul fattore resistenza legato al valore della persona. Sulla capacità di rinnovare se stessi al cospetto delle difficoltà crescenti nel mondo sociale e, in campo ristretto, di quello lavorativo. Da queste asserzioni si evince che, oltre a essere funzionari della specie, lo diventiamo anche di apparati regolati dalla "razionalità" pragmatica e dai suoi valori: efficienza, funzionalità e produttività. Il che va bene purché la persona, in rapporto a questo, non venga né sminuita, né estromessa, ma posta su un piano di centralità.

La tecnica, di per sé, non tende a uno scopo, non promuove un senso, non apre scenari di salvezza, non redime: la tecnica "funziona". Ecco perché nella mia narrazione pongo sempre l'uomo e la sua collaborazione con i sui simili sopra ogni discorso di prassi. Il pragmatismo sta diventando sempre più planetario, non è possibile sottrarvisi, se non pagando il prezzo dell'esclusione sociale. Si vede da qui l'esigenza di una pedagogia che coadiuvi questa nuova tendenza di crescita sociale, oltre che il motivo che mi ha esortata a scrivere le pagine che ho scritto.

Passando dalla società della disciplina alla società dell'efficienza, il conflitto non è più tra "permesso e proibito", ma tra "possibile e impossibile". In questo caso, subentra il senso di inadeguatezza o di insufficienza tra ciò che si è in grado di fare o no, secondo le attese dell'apparato di appartenenza, da cui dipende il riconoscimento della nostra identità e del nostro valore.

Da sempre l'identità dipende dal riconoscimento, ma quando il riconoscimento lo attendiamo unicamente dal nostro apparato di appartenenza (che ci valuta solo a partire dalla nostra efficienza e funzionalità), quando la nostra libertà dipende dal ruolo che rivestiamo in quell'apparato, quando il nostro vicino non è più un compagno di lavoro (e quante volte ho insistito su questo punto!) ma diventa un nostro competitore se è più efficiente e produttivo di noi, allora per evitare il senso di inadeguatezza che ci rende ansiosi, insonni e insicuri, non ci resta che rinunciare a noi stessi. Ed è la cosa da non fare.

L'ho detto e ripetuto quasi in ogni periodo che forma il presente testo. È proprio ciò che non bisogna permettere che accada. Quel tanto di autonomia che il nostro Io, nel corso della storia, ha guadagnato nei confronti dell'inconscio pulsionale, governato dalle esigenze della specie, oggi pare che lo consegni all'inconscio di una prassi tecnologico-digitale, a partire dalla quale ci giudichiamo più o meno validi, in base alla più o meno riuscita integrazione con l'apparato di appartenenza. Ne consegue che l'invito dell'oracolo di Delfi «Conosci te stesso», o quello di Nietzsche, «Diventa ciò che sei» si rivelano difficili nell'applicazione concreta. Difficili anche sentirli nella pienezza del loro senso, ma necessari e importanti per dare il giusto valore all'esistenza.

È necessario sviluppare quelle capacità che ci permettono di entrare in contatto con noi stessi e di riconoscere le nostre risorse, quanto di positivo è presente in ognuno di noi: qualità, aspirazioni, capacità di azione e potenzialità ci consentono di abbracciare quell'eccellenza che va oltre il traguardo stesso, perché siamo più di quello che vediamo e che crediamo di essere.

Voglio aggiungere, caro lettore, che a muovere il mio discorso è stato, e continua a essere, un principio di religiosità umana, non canonica, ma laica, alla Camus: dall'uomo per l'uomo. Se anche a una sola persona quello che ho fatto potrà essere utile, non sarà stato fatto invano. Un detto giapponese recita: «Il fiore perfetto è una cosa rara. Se si trascorresse la vita a cercarne uno, non sarebbe una vita sprecata». E io ci credo.

Nota sull'Autrice

Patrizia Maria Abate è una docente che, durante la sua carriera scolastica, si è occupata di diversi interessi. Ha soprattutto dato ampio spazio alla formazione, continua e permanente, considerando quest'ultima necessaria per progredire personalmente e professionalmente.

Si è impegnata in relazioni sindacali, ha collaborato con aziende private "Eliosnatura" come consulente del benessere, ha esercitato la libera professione come pedagogista, si è occupata di orientamento scolastico e di dispersione scolastica. Ha dimostrato poliedrici interessi in tanti contesti, non solo quelli scolastici.

È sempre stata mossa da una profonda motivazione: migliorare il proprio atteggiamento verso se stessa, verso gli altri e verso il mondo intero. Si è attivata per il cambiamento cercando di non desistere, nonostante le difficoltà incontrate egli insuccessi registrati. Ha cercato di sfidare se stessa sempre e ovunque, nonostante tutto. Con la sua "intelligenza emotiva" ha scoperto il potere creativo che è insito nelle emozioni e, comprendendole, padroneggiandole, ha appreso che le emozioni possono essere trasformate nei migliori alleati. Esse hanno un potere enorme e influiscono, positivamente o negativamente, sulla vita, che spesse volte rimane imbrigliata e limitata.

Da grande osservatrice di se stessa e ricercatrice, grazie alla formazione e alla realizzazione di questo libro, ha scoperto tecniche e strategie pratiche che attivano efficacemente interruttori che orientano il passaggio da uno stato depotenziante a uno stato emotivo creativo e potenziante. Alcune delle metodologie che accelerano il cambiamento sono state condivise, e avrai modo di attingervi leggendo il libro.

Con la realizzazione del libro si è delineata sempre più la figura di un'imprenditrice che possiede capacità di azione, responsabilità, spontaneità, immaginazione e un elevato livello di capacità di direzione economica e di interazione con le persone e con l'ambiente. Tutti punti di forza che le si riconoscono, tuttavia bisogna tener presente che, in quanto docente, quindi dipendente statale, l'iniziativa di realizzare un'impresa formativa startup innovativa si presenta "incompatibile", in quanto dipendente dello Stato, ma non "impossibile" da realizzare.

Che cosa si può fare dunque? Soltanto quando è autonomo l'essere umano è realmente libero, autosufficiente e indipendente. L'indipendenza e la libertà si ottengono con la fatica e non con la pigrizia. Quando l'uomo confida in sé in modo corretto, non dipende dagli altri e si guadagna il diritto di essere un cittadino usando tutti gli strumenti in suo possesso: mani e cervello, a prescindere dalle sue condizioni di nascita. La ricchezza non è il postulato della pigrizia, ma il suo contrario, e fornisce mezzi rari che possono essere utilizzati per il bene della comunità.

Il tema dell'innovazione e dello sviluppo sono ricorrenti nel libro, ed è ciò che legala società all'economia. L'innovazione è la risposta al mutamento e riduce la complessità dei processi rispondendo meglio alle opportunità/minacce proposte dal contesto ambientale, offrendo nuove risposte e generando nuove opportunità anche all'interno.

L'obiettivo espresso e dedotto dalla lettura del libro è quello di realizzare un'impresa formativa e culturale, un modello di startup innovativa a socio unico, a cui è richiesta una partecipazione totale e compartecipata con altre imprese in cui ancora non è presente un gruppo di lavoro perché mancano omogeneità di linguaggi, trasmissione di competenze manageriali, gestione unitaria delle risorse umane e finanziarie, politiche comuni di bilancio. Tale impresa viene progettata con l'intenzione di essere realizzata in tempi brevi.

Valorizzandone le risorse umane, i collaboratori, gli operatori e quanti sentono di condividerne valori di sistema, l'innovazione che viene trasmessa è data dal valore riconosciuto alle persone dalla formazione continua e dalle tecnologie, fattori che ne determinano la vera fonte dell'eccellenza. Quanto evidenziato può sembrare utopistico, ma in effetti non lo è, perché prende spunto dall'esperienza dell'Autrice che, con la realizzazione del libro, ebook digitale, si dichiara favorevole a un'innovazione tecnologica oggi sempre più richiesta alle imprese emergenti e dal grande mercato globale di cui siamo parte.

Una seria e profonda motivazione l'ha spinta a confrontarsi con quest'impegno. Con se stessa e con quanti leggeranno le sue righe. E la motivazione è quella di poter essere utile, con la sua esperienza e le sue competenze professionali e umane, a quelle tante persone che necessitano di ritrovare se stesse in nuove prospettive di vita – vita sociale, lavorativa, familiare, relazionale – e che da sole non ci riescono.

Sono tante queste persone, spesso anonime e invisibili, ma con un potenziale enorme. Manca loro una voce esortativa, una voce interiore che non sentono più. E questo è il nostro simile, per quanto "dissimile" (parafrasando Adorno, della Scuola di Francoforte). Se alle parole, scritte o dette, non segue lo stimolo di una volizione al fare, queste cristallizzano.

La scrittura di Patrizia Maria Abate si rivolge a tutti partendo da questi presupposti. La scuola in cui svolge il suo ruolo educativo, l'Istituto "G. Russo" di Paternò, sopra citato, è un istituto all'avanguardia per quanto concerne la digitalizzazione, e nulla, su queste linee di linguaggio innovativo che sempre più improntarà le società del futuro, ha da invidiare ai parametri educativi delle scuole più all'avanguardia a livello nazionale. Ed è proprio nelle nuove forme di linguaggio, non esclusa appunto la digitalizzazione, che si inserisce la ricerca della professoressa Abate. Una ricerca di possibilità alternative e di sviluppo sia individuale sia collettivo.

Si rivolge soprattutto, ma non solo, a coloro che necessitano di essere stimolati per affrontare la vita lavorativa in senso stretto e quella sociale, sempre più complessa e problematica negli aspetti che la caratterizzano. Il discorso che muove il suo "viaggio" di ricerca dell'altro da sé, il simile/dissimile adorniano sopra citato, dell'umano nelle sue particolarità e unicità, è legato al concetto di "ritrovarsi". L'intento dell'Autrice si inserisce in un orizzonte di possibilità che si traducono in un linguaggio che si può definire "linguaggio della disciplina". La disciplina di credere in se stessi, di sapersi proiettare con ottimismo verso un domani con energie positive.

Patrizia Maria Abate è pragmatica, e la sua esperienza di docente di Lettere si configura su questo piano, quindi su un percorso aristotelico volto a descrivere quale strada seguire per migliorare se stessi e l'ambiente in cui si interagisce, sia professionalmente sia sotto il profilo dei rapporti interpersonali. Ma cos'è la pragmaticità che la docente usa? Per prassi intendiamo l'uomo che opera il suo presente e il suo avvenire. Nel linguaggio attuale si dice pragmaticità.

Nella linguistica teorica vi sono diverse valenze attribuite a tale parola, e non di rado sono interrelate. Ne considero tre. 1) La pragmatica della riflessione, dove l'interpersonalità, nella concezione del messaggio da fornire, si predispone come proposto aperto verso l'altro. 2) La pragmatica come studio degli usi professionali: strutture di un sistema linguistico calato nell'azione operativa concreta, e ciò a livello sia individuale sia collettivo; questo richiede un costante riferimento al contesto, lavorativo o sociale che sia. 3) Il pragmatismo come studio di un livello del senso che emerge nel concreto mondo testuale, attivato e gestito dagli interlocutori, e che non si coglie a partire dall'apporto semantico della struttura di sistema.

In questo senso, la capacità espressiva dell'insegnante Abate, nel testo, accompagna il lettore passo dopo passo affinché acquisisca quei meccanismi concettuali che egli stesso troverà modo di tradurre in metodi individuali. Solo una reale e autentica esperienza poteva portare Patrizia Maria Abate a saper tradurre così bene questa complessa riflessione entro la didattica di un linguaggio comprensibile e accessibile a tutti.

È inteso che il pragmatismo dell'Autrice sia inteso come l'unione della prima e della seconda delle valenze sopra citate. A un dipresso, la Abate considera e usa il suo pragmatismo come un "punto di vista" che, mediante le strutture linguistiche, si concentra su situazioni comunicative che, di fatto, sono componenti reali di una potenziale situazione. L'approccio che l'insegnante ha con i suoi lettori ha indubbi meriti e vantaggi. Ha meriti perché presenta il fenomeno linguistico nella sua concretezza. E questo aiuta ad assumere un punto di vista "naturale" e "spontaneo" come la lingua viscerale (nella *Didactica Magna*, il pedagogo Comenio attribuisce al linguaggio vernacolare – quello immediato, genuino, dialettale –una preminenza rispetto a quello formale (e, proprio perché tale, meno autentico) che viene vissuta in rapporto a ciò che si fa e si è.

Quando Patrizia Maria Abate racconta le sue esperienze, mira a far apprendere da subito interazioni comunicative standard, con l'uso di espressioni che appartengono alla lingua del senso comune. Allo stesso tempo, l'Autrice non trascura una testualità alta, ossia quella che è portatrice della cultura depositata nei "grandi libri" della nostra lingua.

In altri termini, la Abate privilegia l'interazione comunicativa in cui la scrittura si traduce in oralità pratica. In questo modo riesce nello scopo di far acquisire una strumentalità che i giovani (i suoi studenti), come ogni lettore delle sue parole, trovano corrispondente alle loro esperienze di vita e alle varie problematiche a essa connesse e, nello stesso tempo, una forza energetica atta a far risollevare da una possibile stagnazione umorale e ad attivarsi al meglio per la realizzazione di possibili progetti di vita.

Nei suoi commenti, che si rinviano ai capitoli del testo, Patrizia Abate mantiene ferma una costante: nella pratica deve rientrare sempre la sistematizzazione dei dati acquisiti, anche se provenienti da fattori problematici, da difficoltà e quant'altro, perché soprattutto questi aiutano a far crescere la persona, sia professionalmente che individualmente.

Attraverso il linguaggio avvalorato dall'insegnante Abate, passa una cultura che è lettura dell'esperienza umana presso una data comunità. Non da ultimo, la categorialità di una lingua "altra" (il tipo di comportamento richiesto all'interno di una determinata funzione), asserisce l'Autrice nei diversi esempi metaforici che diramano dalla sua scrittura, serve a com-prendere quella propria, quella caratteriale.

La tecnica dei comportamenti e la tecnologia di supporto hanno una loro importanza nella didattica preposta alla conoscenza, e la professoressa Abate lo sa bene quando le valorizza attraverso gli esempi delle sue pagine; ma sa anche che puntare solo su questi due aspetti, per quanto precipui, inficia la lingua della naturalità espressiva, le toglie quella categorialità che gli è propria. Che è dell'Essere.

Infatti recupera il valore dell'atto educativo e costruttivo della persona quando, al pragmatico, unisce l'importanza del linguaggio della comunanza di interessi e di indirizzi mentali, il consenso nel sentimento verso la vita vissuta e quella da progettare.

Detto in altri termini, quello che l'Autrice antepone alla prassi è un consenso "religioso" delle anime verso ciò che è il dovere e che attinge profondità nel culto della libertà. Un arricchimento della verità, che è poi la conoscenza di quell'essenza che già Socrate raccomandava ai suoi discepoli e che Kant chiamava la bellezza e dignità della natura umana e che è la forza stessa che ci regge e ci porta avanti.

Ringraziamenti

Sono tanti quelli che vorrei ringraziare e che mi hanno sostenuto nella redazione di questo libro che non sarebbe stato possibile senza il supporto delle persone straordinarie che ho conosciuto nel mese di ottobre 2017.

Un ringraziamento speciale va a Giacomo Bruno, editore che, con il suo generoso percorso formativo, mi ha permesso di acquisire competenze personali, ancor prima che tecniche, che "credevo" di non possedere. La sua spinta e il suo entusiasmo hanno fatto crescere e realizzare il mio sogno, sostenendomi nella mia impresa di scrittrice. Grazie di cuore!

Sono molto grata anche allo staff dell'editore: Mariarosa Francescone, Roberto Bizzarri e Alessandro Scaietti che hanno saputo offrirmi preziosi consigli e suggerito correzioni di stile.

Vorrei ringraziare tutti coloro che hanno aperto le porte del mio sviluppo personale. Un caro ringraziamento al coach Roberto Re e alla Leadership School, che mi hanno trasmesso grande saggezza e professionalità. Con i seminari intensivi ho acquisito maggiore sicurezza e nuovi metodi.

Un caro ringraziamento a Paola Olini, Daniela Ferrante, responsabili e coach del Fly di Bologna e Catania, che mi hanno spronato, motivato e allenato a fare meglio.

Desidero ancora ringraziare gli amici Simone Cerri, Alessandro Brunello, Gabriele Visentini, responsabili di Cam.TV, tutti i founders e president, grata per la fiducia, l'incoraggiamento e per l'opportunità condivisa.

Sono grata all'amica preside Concetta Centamore per la disponibilità, la correttezza e la grandissima professionalità dimostrata in ogni occasione; per me è un vanto e una fortuna averla conosciuta ed affiancata. Grazie per avermi ispirato a salire con coraggio sulla mia nave e guidarne il timone.

Un caro ringraziamento è rivolto a tutti i colleghi che,

consapevolmente o inconsapevolmente, mi hanno spinto a uscire dal circolo vizioso e indotto a migliorare.

Sinceri ringraziamenti a Maria De Iulio, presidente dell'azienda "Eliosnatura" srl, al vicepresidente, al suo staff e ai dirigenti, Anna Bruno, e la sponsor Viorica Chesu che mi hanno dato l'opportunità, come consulente del benessere fitoterapico, di credere nel benessere orientato alla persona.

Un caloroso grazie a mia madre, amica e sorella, per l'amore che non mi ha mai fatto mancare. E un ringraziamento speciale lo rivolgo ai miei familiari, a mio fratello Alessandro, ai miei nipoti Alessia, Claudia e Carmelo, ai pro-nipotini Martina, Mya , Francesco e il piccolo Diego gioie costanti del mio cuore.

Ringrazio con amore mio marito Salvino Cannella che, nonostante le difficoltà incontrate e superate, mi è stato vicino e mi ha rincuorata durante il corso delle giornate trascorse a scrivere.

Grazie a Salvatore Rizzo, che con la sua disponibilità ha

contribuito ad una revisione iniziale del progetto e un sentito grazie ai miei studenti che mi hanno ispirato ogni giorno e spinta all'azione per "fare" e "dare" il meglio di me stessa.

Grazie a tutti con infinito amore.

www.ingramcontent.com/pod-product-compliance
Lightning Source LLC
Chambersburg PA
CBHW070451090426
42735CB00012B/2509